3040
초超돌파력

인생의 막다른 골목에서 새로운 길로 도약하는 방법
3040 초돌파력

초판 1쇄 인쇄 2021년 12월 27일
초판 1쇄 발행 2022년 1월 3일

지은이 박정빈

발행인 백유미 조영석

발행처 (주)라온아시아
주소 서울특별시 서초구 효령로 34길 4, 프린스효령빌딩 5F

등록 2016년 7월 5일 제 2016-000141호
전화 070-7600-8230 **팩스** 070-4754-2473

값 15,000원
ISBN 979-11-92072-13-5 (03190)

※ 라온북은 (주)라온아시아의 퍼스널 브랜드입니다.

30/40

초超돌파력

박정빈 지음

RAON BOOK

프롤로그

내 인생의 밑지는 장사는 사절하기로 했다

혹자들은 코로나19 팬데믹을 인류의 대재앙이라 말한다. 이 일로 삶의 터전을 잃은 사람들과 가족을 잃은 사람들 그리고 일상이 모두 침범받은 측면에서 보면 코로나19는 대재앙이 맞다. 그러나 100% '재앙'의 관점에서만 보지 말고 다른 시각으로 이 사태를 바라보면 조금은 비껴간 시야가 열린다. '그동안 우리가 너무 바삐 앞만 보고 살아왔던 것은 아닐까?' 또는 '끝도 모르면서, 그 끝에 무엇이 있는지도 모르면서 앞으로만 전진하며 살아온 것은 아닌가?' 하는 시야 말이다. 그렇게 살아갈수록 우리의 감정은 메말라가고 경쟁 사회에서 승리하고자 다른 사람들을 밀쳐버리고, 결국은 나를 없애가고 있었던 것은 아닐까?

코로나19는 우리의 일상에 많은 변화를 주었고, 더불어 우리에게 '코로나 블루'를 가져다 주었다. '코로나 레드, 코로나 블랙'이라는 팁까지 추가해서 말이다. 아울러 경제적 타격은 상상을 초월했다. 많은 사람이 일자리를 잃었으며 또 많은 사람이 줄어든 수입으로 인해 힘든 생활을 하게 되었다. 사람들 간의 대면 교류는 끊어졌으며, 이는 그동안 우리가 사람들과 더불어 서로 부딪히며 사는 게 얼마나 좋은 것인가를 새삼 느끼게 해주었다. 그렇다. 지금 이 상황은 우리가 헤쳐나가기엔 벅찬 현실이긴 하다. 여행업에 종사하는 한 사람으로서, 내 현실에 대해서는 굳이 설명 안 해도 짐작할 수 있을 것이다. 이 상황을 더욱 안타깝게 받아들이는 1인이 될 수밖에 없었다.

힘들다고 이렇게 머물러 있는 게 맞는 건지, 맞지 않다면 어떻게 해야 하는 건지, 마음잡기가 힘들었다. 하지만 내가 이러고 있다고 누가 알아주랴? 손해 보는 건 나다. 내 인생의 밑지는 장사는 사절하기로 했다. 하지만 길어지는 코로나19로 인해, 이 모든 걸 헤쳐나갈 '힘'이 좀 떨어졌다. 그러나 나는 다시금 점 하나를 찍기로 마음먹었다. 그동안 내가 겪은 수많은 위기, 막다른 골목에 처해 있을 때의 내 마음가짐과 행동에 대하여 생각해보고, 초심으로 돌아가자고 마음먹었다.

'최악의 상황에서 최고를 이끌어내자고?'

아니다. 최고를 바라지 말자. 기대도 최소한으로 줄이자. 물 흐르듯이 그냥 노력하자. 그저 최선만 다하자. 이리 재고 저리 재지 말자. 시작만 할 수 있다면 다음이 생길 것이다. 시작의 마무리를 지을 수 있다면 지금의 부족함과 실패는 다음번의 성공을 위한 재료가 될 것이다.

'그저, 점 하나만 찍어라.'

작은 점 하나가 큰 점이 될 것이다. 작은 점 두 개를 찍어 이으면 선이 되고, 선을 이으면 면이 되고, 색을 입히면 작품이 되고 예술이 될 것이다. 성공이란 결과의 성공이라기보다 스스로에게 한 약속의 성공이다.

'원대하게 생각하지 마라.'

너무 크게 생각하지 마라. 우리가 실행할 수 있는 작은 목표의 성공을 해내는 것이다. 하나를 성공해내면 둘을 성공해내고, 그러다 보면 셋, 넷, 열도 성공해낼 수 있다.

'두려움은 애교로 받아들여라.'

도전에 대한 두려움, 실패에 대한 두려움을 거부하지 말자. 그 부피를 줄이도록 노력하면 된다. 완전한 실패란 없다. 실패는 경험이 된다. 경험은 다음의 성공을 위한 기틀이 되어줄 것이다. 실패도 즐길 줄 알아야 한다.

'낙담은 하되, 적당히 하자.'

인생이란 올라감이 있으면 내려감이 있다. 실패가 성공의 기쁨을 더욱 드라마틱하게 한다. 또한 인생의 올라감에 너무 기뻐하거나 내려감에 너무 서글퍼하지 말자. 적당히 하자.

'모든 건 과거다.'

나는 어려움에 처했을 때 항상 생각했다. 지금 이 상황은 지나갈 것이고 과거로 남을 것이다. 이 순간을 잘 견디자. 지금, 이 순간을 잘 헤쳐나가면 된다. 그러면 모든 건 과거의 일이 되어 있을 것이다. 그러려면, 과거로 잘 남을 수 있게 해야 한다. 모든 도전은 끝을 봐야 결과가 나온다. '마무리' 그 자체가 의미다.

'실패를 하려면 아예 바닥까지 쳐라.'

사람이 바닥을 쳤을 때, 인생의 막다른 골목에 다다랐을 때에는 그 위기를 벗어나고자 하는 처절함, 절박함이 있다. 실패도 잘해야 하는 것이다. 잘 실패하자.

'인생의 바닥을 겪으려면 확실히 겪어라.'

바닥이 깊을수록 더욱 높게 치고 올라올 힘을 얻을 수 있다. 도전하지 않는 삶, 장애물이 없는 삶은 지루하다. 재미없다. 장애물은 뛰어넘으려고 있는 것이다. 회피하거나 돌아가는 것이 아니다. 그런 장애물을 극복할 때마다 자기 안의 무기들이 하나씩 생긴다. 모든 일은 사람이 한다. 사람의 실력으로 하는 게 아니라 사람의 마음으로 하는 것이다.

마지막으로 '집순이, 집돌이는 되지 말자.'

정신적인 활동이 먼저인지, 육체적인 활동이 먼저인지 논하지 말자. 우리의 인생은 바삐 움직여야 한다. 밖에서 많은 활동을 하자. 몸을 많이 움직이며 삶의 활력과 정신적인 활력을 찾자. '이불 안은 위험해, 집 안은 위험해.'

나는 세상이 변해도 변하지 않는 힘이 있다고 믿는다. 그것은 내게 '돌파력'이었고, 그 어떤 막다른 골목도 벗어날 수 있는 원동력이었다. 사람은 인생에서 막다른 골목을 만나더라도 강력하고도 무너지지 않을 힘이 필요하다. 그리고 그 힘은 '본인의 깊은 내면에 있는 힘'을 겉으로 이끌어내고자 결심하는 것에서부터 시작해야 한다. 인생은 언제나 현재 진행형이다. 그 와중에, 돌파하려는 마음가짐은 그 자체로 우리에게 의미가 되어준다.

나는 이전의 나처럼 스스로를 평범하고 별 볼일 없는 사람이라 여기는 사람들에게 말하고 싶다. 그건 그저 본인들의 생각일 뿐이라고 말이다. 안 해서 못하는 것이지, 못해서 못하는 것이 아니다. "노력하면 다 할 수 있다"라고 말하고 싶다. 인생에서 루

저는 없다. 루저라고 생각하는 마음만 있을 뿐이다.

나는 다른 사람들에게 이야기한다.

"저는 좀 둔해요. 저는 좀 늦어요. 저는 좀 부족해요.
그래서 남들보다 두 배 이상의 노력을 해야 해요.
저는 다른 사람을 이길 수가 없어요.
하지만 저는 제 자신만은 이길 수 있어요.
저는 다른 사람을 컨트롤할 수가 없어요.
하지만 저는 제 자신만은 컨트롤할 수 있어요."

여러분의 돌파력을 응원한다.

박정빈

차 례

2장

비즈니스도 성공도 돌파력에서 출발한다

3장

체력이 없으면 돌파도 없다

4장

인생살이의 99%는 사람 + 관계

5장

경제력이 나를 자유케 하리라

6장

도전은 셀프다

1장

내 삶을 말해주는 한 단어, 돌파력

세상이 변해도 안 변하는 힘

나는 오늘도 아침부터 뛴다

매일 아침 내가 하는 일이 있다. 바로 아침부터 달리는 것이다. 내가 달리는 이유는 운동을 위해서도 체력 단련을 위해서도 아니다. 바로 커피숍의 구석 자리를 맡기 위해서다. 그 구석 자리를 탐한 건, 유독 나뿐만이 아니었다. 이른 아침 시간의 커피숍을 찾는 데는 나름의 이유가 있다. 하루를 시작하며 좋은 컨디션으로 집중력을 발휘하여 본인에게 맞는 일을 하기 위함이다. 그에 유독 제격인 자리였다. 다른 커피숍에서도 그만한 자리를 보지 못했다.

나는 2021년, 올해 3월부터 독서실을 다니기 시작했다. 왕복 2시간 거리인, 일 없는 사무실에 나가기 곤혹스러웠다. 그래서 찾아낸 곳이 독서실이었다. 독서실에서 많은 위안을 받았다. 일은 사무실에서만, 휴식은 집에서만 한다는 나의 고정관념 때문인지 집에서는 아무 일도 못하겠고, 결과도 나오지 않았다. 그래서 나는 독서실을 선택했다. 독서실에서 책 읽고, 글 쓰고, 공부하고, 업무도 보고, 인터넷 쇼핑도 하고 독서실 다니는 게 재미있었다. 지치고 힘들 때면 주변 커피숍을 순례하기도 하다가, 따스한 커피향으로부터 위로를 받기도 하였다.

그러다가 이곳, 여기 커피숍의 황금 같은 '경쟁 자리'를 발견한 것이다. 독서실에 지칠 대로 지친 나는 가끔은 커피숍의 명당자리를 맡기 위해 5분 전에 미리 가서 기다린다. 그래야 앉을 수 있는 자리였다. 나는 커피숍의 그 '경쟁 자리'에서 많은 일을 했다.

내가 독서실이나 커피숍에 가는 이유는 심플했다. 여행사가 개점휴업인 현시점, 집에 있자니 혼자 걱정이나 하고 있을 것 같아 독서실에서 책도 읽으며 새로운 작업을 하기 위해서였다. 독서실에서 열공하는 어린 학생들, 커피숍에서 열공하거나 열일하는 젊은이들로부터 젊은 에너지가 느껴졌고, 나는 그들의 에너지가 좋았다. 나도 그들처럼 나의 에너지를 나에게만 집중하고 싶었다. 독서실, 커피숍 모두 나에게 새로운 힘을 만들어주는 공간이었다.

'아, 해볼 만한 승부일 수도 있겠는데.'

코로나가 길어지면서 나는 일상에 루틴 아홉 가지를 세우고 지켜가면서 이 시간을 지나왔다. 다음은 내가 세운 루틴이다.

코로나19를 견디는 나만의 루틴 아홉 가지

1. 아무 일 없는 듯 출근하기. 왕복으로 사무실까지 걷기(4시간)
2. 아무도 없는 빈 사무실, 울리지 않는 전화기 앞에서 견디기(9시간)
3. 회사 앞, 집 앞 가까운 거리의 커피숍 순례하기(커피향의 위로는 덤)
4. 안 가던 도서관 가서 책 빌리기(책이란 참으로 좋은 것임을 다시금 느꼈다)
5. 독서 모임 나가기(이 모임은 시험 전날의 초조한 학생처럼 매주 나를 긴장시켰다)
6. 책 필사하기(눈과 머리가 아닌 손이 기억함을 알게 되는 계기였다)
7. 독서실에 짱 박혀 있기(최장 18시간)
8. 서울 도처의 부동산 탐방하기
9. 더운 여름밤, 놀이터에서 모기에 뜯기며 작업하기(사회적 거리두기 4단계라 갈 곳이 없었다)

내가 아홉 가지 루틴을 반복한 이유는 나와의 한판 승부가 없이는 코로나19로 멈춰버린 일상을 견뎌나가기 힘들다는 판단 때문이었다. 오래전부터 나하고의 승부를 줄곧 해왔던 습관이 있던 터라, 그리 어렵지는 않았다. 다만 이전의 승부는 '육체적인 나'를 이기고 길들이는 승부였다면 코로나19 이후의 승부는 '정신적인 나'와의 승부라는 점이 다를 뿐이다. 난 집중력이 약하고 산만하여 정신적인 승부에는 약했다. 그래서 나와의 승부에서 많은 어려움을 겪었다. 그래서 이 부분을 극복하고 싶은 소망도 있었다.

일이 없는 걸 알면서도 걸어서 사무실로 출근하는 심정과 사무실에 도착해서 울리지 않는 전화기를 바라보는 심정. 이런 감정들은 커피의 따뜻한 향으로 잠재우려 했다. 공허함과 허전함을 메울 수 있는 건 책과의 씨름이라 느꼈기에 책을 빌리러 도서관에 다니고, 빌려온 책이 제대로 안 읽히면 자리에 앉아 필사를 시작했다. 필사를 하느라 손가락과 어깨가 망가져도 한의원에 침을 맞으러 다니면서 필사를 계속했다. 그런 필사를 통해 집중력을 키우고, 책에 집중하고, 사람들의 말에 집중할 수 있었다. 그리고 나를 컨트롤할 수 있는 힘을 기르게 되었다. 이렇게 아홉 가지를 무던히 반복하자, 나와의 정신적인 승부에서 '백전백패'는 아닐 거라는 자신감이 조금 붙었다. '아, 해볼 만한 승부일 수도 있겠는데.' 내 마음이 말하는 소리가 들렸다.

돌파하는 루틴이 지금의 나를 만들었다

코로나19가 우리에게 준 이 재앙 같은 시간이 얼마쯤 지났을까? 그냥 이 현실을 현실 자체로 받아들이기로 했다. 어려움을 어려움 자체로 받아들이는 것도 용기이리라. 더욱 용기 있는 것은 그 어려움에 적극적으로 대처하는 자세라 생각했다. 나는 나의 루틴이 현실에서 빛을 발하게 하고 싶었다. 그래서 나는 '내가 할 수 없는 일'과 '내가 할 수 있는 일'을 구분했다. 그리고 내가 할 수 있는 일, 세 가지를 선택했다.

첫 번째는 현재의 부동산 공부를 바탕으로 건축이란 큰 산을 넘기로 마음먹은 것이었고, 두 번째는 많은 사람과 교류하고 싶다는 생각에 미시즈 모델을 다시 시작한 것이었다. 마지막 세 번째는 책을 쓰는 일에 다시금 도전하고자 결심한 것이었다.

세상을 살다 보면 인생의 막다른 골목에 다다를 때가 있다. 그럴 때 우리는 '회피, 핑계라는 마지막 도피처'를 만들어 도망치고자 하기도 한다. 하지만 인생에서 회피나 도망은 문제의 해결이 아니라, 새로운 문제의 시작일 수 있다. 나는 내 인생의 막다른 골목에 다다랐을 때 내가 세운 루틴을 지켜가며, 그것이 나 자신에게 주는 신뢰를 느끼며, 또다시 새로운 도전을 불러옴을 느낄 수 있었다. 여러 어려움을 겪을 때마다 지켜보는 자가 아닌, 현실에 뛰어드는 자가 될 수 있었던 이유는 나의 돌파하는 습관, 돌파하는 루틴이 지금의 나를 만들었기 때문이다.

내 인생의 돌파력은 바로 나다

인생은 살아지는 대로 사는 게 아니라 스스로 살아가는 것이어야 한다. 스스로 살아가는 인생에서 어려움을 대할 때, 자기 안의 돌파력은 큰 힘으로 발휘된다. 아무리 세상이 변해도 스스로 돌파할 힘이 없다면 특별한 재능이나 능력조차도 무용지물이다. 또한 어떠한 어려움, 코로나19보다 더한 어려움이 오거나 미래를 예측하기 힘든 4차 산업혁명 시대가 오더라도 이기는 힘, 돌파력이 있다면 어둠의 터널은 지나가리라고 믿는다. 나는 나의 돌파력의 원천을 '솔직하게, 독하게, 무모하게'라고 말하고 싶다. 나의 돌파력은 솔직하게 현실과 나를 인정하는 힘이요, 세상 무엇과도 독하게 싸울 수 있는 힘이자 그리고 다소 무모하게 느낄지언정 본인이 감당해야 하는 몫이라면 포기하지 말고 덤벼야 하는 힘이라 생각한다. 또한 그런 돌파력이야말로 인생의 진검승부에서 빛을 발할 수 있다고 믿는다.

돌파하는 에너지는 누구에게나 있다. 다만 그 에너지를 끄집어낼 용기나 마음가짐이 없을 뿐이다. 나 역시 아무 일도 하지 않고 잠자코 무기력하게 지냈던 시간이 있었다. 그리고 그 시간이 내게 아무것도 가져다주지 않았음을 분명히 기억한다. 내 안에 있는 에너지를 끄집어내는 힘, 그것이야말로 세상이 변해도 안 변하는 힘이라고 믿는다. 그리고 그 힘은 늘, 내 안에 있음을 나는 믿는다.

'케세라세라' 정신은 영원하다

케세라세라, 정말 될 대로 되라는 의미일까?

〈케세라세라(che sara sara)〉는 도리스 데이(Doris Day)의 노래 제목이지만 우리에게는 '될 대로 되라'라는 말로 잘 알려져 있다. 정말 될 대로 되라는 의미일까? 사람들은 뭔가 일이 계획대로 풀리지 않을 때, "에이, 몰라 될 대로 되라지"라며, 그런 의미로 케세라세라라는 말을 쓰곤 한다. 물론 나도 마찬가지였다. 케세라세라의 의미를 정확히 몰랐을 때는 나도 그렇게 사용했었다.

어린 시절의 나는 '인생, 그냥 그렇겠지. 나이 들면 뭔가 되어 있겠지'라며 제대로 된 꿈도 가지지 못한 채, 내 인생에 있어 그저 방관자였다. 소심의 극치였다고 할 수 있겠다. 학창 시절의 나는 사람들 앞에 나서는 것을 두려워하고, 스스로 위축되고, 스스로 나를 옭아맸고, '나는 원래 그래' 하며 그런 성격의 내가, 나인 줄 알았다. 누구나 인생에서 어느 시기를 지나면서 스스로 극복해야 할 일들이 있다. 나는 어린 시절 친구들을 사귀는 데 많은 어려움을 겪었다. 혼자 스스로를 가두면서 지레짐작하고 포기하는 일이 많았다. 스스로 아웃사이더가 된 것이었다.

이런 나에게 케세라세라가 새롭게 다가왔다. 혹시 '케세라세라'의 뜻이 잘못 알려졌다는 것을 알고 있나? 번역하면서 그 의미가 왜곡된 것이다. 이 말의 정확한 의미는 '될 대로 되라, 될 일은 된다!'라는 의미다. 즉 우리 인생에 대한 스스로의 믿음을 갖자는 것이다. 이 말의 제대로 된 뜻을 알게 되면서 나는 케세라세라를 내 인생의 좌우명으로 삼았다. 될 일은 된다. 잘될 거야! 내 인생은 지금부터 새롭게 시작되는 거야!

사장을 꿈꾸었더니 사장이 되었다

여행사에 취직해 일하게 되면서 나는 진짜 꿈이 생겼다. 그것은 바로 사장이 되는 것이었다. '사장은 아무나 되나?'라고 생각하는 사람들이 많을지도 모르겠다. 그런데 7년 후에 나는 진짜 사장이 되었다. 2003년의 나는 '일하다가 죽자! 일하는 순간에는 죽도록 일하는 거야'라는 열정이 있었었다. 그렇기에 청년 창업을 시도할 수 있었고 성공했다. 될 일은 된다. 될 일은 되기 마련이다. 마음이 있고 열정과 최선을 다하면 안 될 일이 없다는 걸 다시금 깨달았다. 내 업무에 대해서 스스로 최고이자 베테랑이라고 믿었기에 고객 한 분 한 분께 최선을 다했고 그럴수록 더 많은 책임감을 느끼게 되었다.

나는 사장으로서의 자부심을 느끼며, 그것을 즐기며 열심히 일했다. 지금은 청년 창업이 흔하고 그리 어렵지 않은 일로 비치지만, 2003년의 나에게는 '깡' 하나만을 앞세운 무모한 도전이었고, 그 이후 여러 차례 힘든 고비를 당당히 넘어서며 지금까지 여행사를 운영하고 있다.

케세라세라가 통하지 않을 때는 시간이 필요하다

자신감 넘치던 싱글에서 2003년 여행사 청년 창업과 경영, 2004년 결혼, 두 아이의 출산과 긴 양육의 시간까지 삶이 바쁘게 진행됐다. 내 인생에 있어서 중요한 일들이 한꺼번에 겹치게 되며 나는 번아웃되었다. 그중 결혼과 출산은 내 삶에서 큰 변곡점이었다. 이전에는 경험하지 못한 생소하고 낯선 것들이었으며 회피할 수 없는 현실이었다. '뭐든지 할 수 있다. 될 일은 된다'에서 '빨리 끝내자, 빨리 결론짓자'로 마음이 바뀌기도 했다.

나의 의지만으로는 해결되지 않는 시간이었다. 그러나 시간이 약이었다. 엄마로 산다는 것은 나에겐 결코 쉽지 않은 일이었다. 그러나 새로운 생명이 태어나 뒹굴고 걷고 옹알이하는 성장의 과정을 지켜보며 뭉클한 감동을 선사받았으며, "엄마"라고 불리는 육아의 과정을 통해 진짜 어른이 되어감을 인식하고 그 책임을 온몸으로 받아들이기로 다짐했다. 아이들은 계속해서 커갔고, 그 아이들의 성장 과정을 좀 더 세심히 지켜보지 못한 것이 늘 가장 큰 아쉬움으로 남는다. 워킹맘에게 있어 육아란 피멍 든 가슴과 울음으로 채워지는 시간이다.

나도 마찬가지였다. 육아라는 과정은 '회사를 포기해야 하는' 기로에 서게 만들기도 했는데, 나는 육아와 회사 어느 것 하나 포기하고 싶지 않았다. 시간이 약이긴 했는데, 포기할 것이 생겼다. 박정빈으로 산다는 것과 나의 건강이었다. 나는 어느새 몸도 마음도 지쳐가고 있었다.

될 일은 된다. 스스로를 믿자!

'케세라세라'에서 가장 중요한 것은 스스로 나 자신을 믿는 것이다. 스스로 믿는 나여야만 다른 사람들로부터도 신뢰를 얻을 수 있다. '케세라세라'는 내가 스스로에게 거는 자기 암시였다. "나는 할 수 있어!"를 반복해서 말하다 보니, 진짜 이 세상에 못할 일은 없다는 마음이 들었다. 단, 현실에 부합하지 않는 너무 높은 이상이나 현실성 없는 목표는 지양해야 한다.

꼭 필요한 일, 하고 싶은 일에 애정과 열정을 품고 "잘 될 거야, 될 일은 된다"라는 긍정 에너지를 품는다면 그 결과가 최상은 아닐지언정 기본 이상의 결과를 얻을 수 있을 것이다. 인생에서 모든 이가 백 점 만점일 수는 없다. 본인의 기대치에 미치지 못하더라도 스스로 최선을 다했다면 그것으로 충분하다.

"현재를 열심히 살아가는 게 먼저야. 미래에 대한 걱정을 너무 많이 하지 마! 현재 나의 모습은 과거의 결과이며, 지금 나의 노력은 더 나은 미래를 위한 원동력이야. 현재가 없는 미래는 없어. 케세라세라! 이루어지게 될 일은 이루어지게 되니 너무 걱정하지 마!"

내 마음속에 간직되어 있는 '인생에 대한 믿음'과 '잘될 거야'라는 희망의 메시지를 마음속에 새기며 많은 이에게 이 말을 선물로 보내고 싶다.

내게 맞는 옷을 입은 뒤 인싸가 되었다

나는 '찐' 아웃사이더였다

2000년대 초반, 우리들의 추억을 소환했던 아이러브스쿨(동문을 찾아주는 웹사이트)을 기억할 것이다. 물론 나도 여기서 반가운 초등학교 친구들을 다시 만났다. 옛 친구들은 소심하고 말이 없던, 눈에 띄지 않아 존재감이 크지 않던 조용한 아이, 나를 똑똑히 기억하고 있었다.

초등학교 시절의 나는 예체능을 잘하지 못해 체육 시간에는 운동장 구석에 있었고, 음악 시간에는 입만 벙긋하며 노래를 부르는 척했으며, 미술 시간에도 무얼 어떻게 그려야 할지 몰라 답답해했다. 스스로 주눅들고 기에 눌려 다른 아이들에게 말 한마디 제대로 건네지 못하던 아이였다. 그러면 공부라도 잘했으면 좋았을 텐데, 공부도 그저 그랬던, 별 볼일 없어 보이던 아이였다.

이런 나를 기억하던 아이들은 밝은 미소와 한껏 꾸민 외모, 활달한 언변으로 술자리에서 분위기를 리드하는 나를 보고 어리둥절해하며 "너 정말 정빈이 맞아?"라는 말을 몇 번이나 반복했는지 모르겠다.

"정빈이 왜 이리 많이 바뀌었어?" 변화된 성격과 변화된 외모로 초등학교 친구들과의 모임에 적극적으로 참여하는 나를 보며 신기해했다. 나는 속으로 웃었다. '너희가 나를 몰라서 그래, 나 원래 에너지 넘치는 아이였어. 그때는 너무 어렸고 내 감정 표현하는 데 서툴렀을 뿐이야.' 겉으로는 마냥 소극적이지만 내면의 한쪽 구석에선 뜨거운 피가 끓어오르던 아이가 또한 나였던 것이다. 초등학교 친구들 사이에서 찐 아웃사이더였던 내가, 지금은 가장 자신감 있고, 가장 잘 꾸미고, 가장 활발한 어른이 되어 나타난 사건, 이것이 가장 큰 반전이었던 것이다. 이래서 인생이 재미있다고 하나 보다.

내게 맞는 옷을 찾았다

나의 사춘기는 고등학교 3학년 때부터 시작되었다. 내가 어떤 걸 잘하는지, 어떻게 살아야 할지에 대한 확신이 없었다. 대학 입시 때도 결정을 못 내리고 있었다. 어느 날 엄마가 점을 보고 와서 "너 비행기 타고 다닐 팔자라더라"라고 하셨다. 그러고 보니, 167센티미터의 작지 않은 키, 날씬한 몸의 소유자였던 나는 막연하게 스튜어디스를 꿈꾸며 관광학과에 진학했다. 대책 없는 결정이었고 책임감 없는 선택이었다. 그 시절 나는 여러모로 성숙하지 못했었다.

스스로의 선택이 아닌, 막연하게 '괜찮을 거야' 하며 성적에 맞추어 입학한 관광학과는 나에게 또 하나의 시련을 안겨주었다. 대부분의 수업이 영어와 일어에 집중되어 있었다. 초, 중, 고 12년을 예체능을 못해 자존감이 바닥이었던 나는, 대학 시절에도 역시나 나서서 발표하거나 자신을 표현하는 데 주저하고 있었다.

'이런 낭패를 어쩌나?' 하지만 나이는 무시 못하나 보다. 이전보다 '깡'이라는 무기가 내게 생겼다. 졸업만을 목표로 유급 전까지 결석도 꽉꽉 채우며 과에서 거의 꼴등으로 졸업했다. '내 인생 내가 사는 거지 뭐, 내가 다 책임질 거야'라며 성적은 개의치 않아 했다. '이 세상에 일등 되기도 힘들지만, 꼴등 되기는 더 힘들어! 난 그 힘든 꼴등도 했다'며 스스로를 위로했다(진짜 꼴등 여부는 모르지만, 어쩌면 진짜 꼴등일 수도 있다).

대학 시절에 진짜 사춘기가 시작됐다. 지금부터는 진짜 사회로 나가야 하는데, 아직까지도 내가 어떤 걸 잘하는지, 어떻게 살아야 할지 답답했다. 남들보다 잘하는 거 없는 나였지만 남들보다 멋지게 살고 싶었다. 뭐든 내가 잘하는 걸 발견만 하면 이전에 하지 못한 '최선'이란 걸 '확' 하고 싶었다. 한 번도 죽도록 최선을 다해보지 않았기 때문이었다. 사회로 나가는 내 인생의 첫 발자국을 어떻게 떼어야 할지 정말 난감했었다.

"엄마, 나 1년만 놀게." 밑도 끝도 없는 선전포고였다. "그래라." 엄마의 대답은 간단했다. 뭐라 한마디 하실 줄 알았는데, 엄마의 짧은 대답에 내가 더 당황했다. "엄마, 나 1년 논다고. 괜찮아? 안 창피해?" "아니, 전혀! 노는 게 어때서. 엇나가지 않고 잘 커줘서 고마워. 인생 짧다. 너무 급하게 생각하지 말아라"라고 말씀하셨다. 나는 엄마께 정식으로 예의를 갖추어 "1년만 쉴게요. 그 이후에는 뭐든 할게요. 쉬는 동안 아르바이트하며 제 용돈은 제가 벌게요. 엄마 감사합니다"라고 말씀드렸다.

나는 엄마의 묵인하에 진짜 아무 일이나 하거나 혹은 아무 일도 안 하거나, 내 뜻대로 1년을 보낼 수 있었다. 이는 나에 대해 온전히 생각할 수 있는 귀중한 시간이 되었다. 1년간의 쉼 이후에 나는 관광업계가 아닌 일반 회사에 취직했다. 여의도의 높은 빌딩, 고급 사무실, 적지 않은 급여의 회사 생활은 나쁘지 않았다. 선배들도 모두 친절했다. 그렇지만 시간이 지날수록 그냥 사무실의 꽃이 된 것처럼 정체되어 있는 느낌이 들며 회사 생활에 시큰둥해져갔다. 활기차고 살아 움직이는 일을 하고 싶다는 나의 욕망을 채워주지 못했다. 나는 과감하게 회사를 관두고 다시 쉼을 선택했다.

그러다가 지인의 소개로 작은 여행사에서 단기 아르바이트를 하게 되었다. 당시 성수기 시즌이었던 작은 여행사에서는 왜 이리 할 일이 많은지, 아무것도 모르는 아르바이트생인 나조차도 긴장하게 만들었다. 점심시간에도 밥만 먹고 사무실로 바로 들어오고 외근을 나가도 시간을 아끼려 뛰어다녔다. 빨리 들어와서 전화라도 받아야 할 것 같았다. 종종 남아서 잔일도 도왔다.

"알바는 시간이 생명이야. 어서 퇴근해"라는 말에 나는 그냥 웃기만 했다. 나도 잘 모르지만 나의 작은 도움이 상대에게 힘이 된다는 사실에 혼자 뿌듯해졌고 '이 일을 본격적으로 해봐? 내가 한번 몸 바쳐 일해봐?'라는 도전 정신이 나의 온몸을 휘감았다. 내게 맞는 옷을 찾은 느낌이었다.

재미를 찾자 자신감이 붙었다

여행사에서의 단기 아르바이트를 마친 후 나는 내 전공인 관광학과를 살려 여행사에 정식으로 취직했다. 나의 의지와 결심이었고 나의 선택이었다. 반토막 난 급여는 전혀 개의치 않았다. 급여의 높고 낮음은 나에게 더 이상 중요하지 않았다. 활기차고 살아 움직이는 일, 나 스스로 주체가 되는 일, 내가 재미를 느끼고 잘할 수 있는 일을 하고 싶다는 소망이 나를 여행사로 이끌었다. 물론 신입사원으로서 여행 업무를 배우는 데 많은 어려움을 겪었다. 당연한 일이다. 관광학을 전공했지만 현장에서의 업무는 학교에서의 배움과는 전혀 달랐다.

나는 가르쳐주는 것만 배우고, 때 되면 알게 되는 그런 방식이 싫었다. 업무 후 바로 퇴근해야 한다는 마음도 크지 않았다. 일이 있으면 남아서 야근하고, 주말에 회사에 나가 선배들의 일을 돕고, 혼자 항공 예약 시스템을 공부했다. 하지만 그것으로는 나의 욕구가 다 해결되지 않았다. 나는 회사 선배들 몰래 야간으로 항공 예약 시스템 교육을 정식으로 배우며 낯선 시스템을 익혀나갔다. 물론 교육비는 자비였다. 이렇게 스스로 배우는 재미가, 스스로 많은 것을 알아간다는 자부심이 생각보다 아주 크게 다가왔다.

거의 전화만 받던 초짜 신입 시절의 나는, 나보다 훨씬 여행 지식이 많은 고객의 말을 이해하지 못하고 어쩔 수 없이 일일이 메모해가며 선배에게 일일이 물어보며 상담을 했다. 그 당시 답답해하던 고객들을 보고 얼굴 빨개졌던 기억이 난다. 하지만 나는 어느새 업무 지식을 뽐내며 자신감 있는 말투로 고객을 응대하는 것이 가능해졌고, 그럴수록 여행 업무는 더욱 재미있어졌다. 그렇게 일반 신입 사원들이 배우는 업무 지식을 빠르게 습득하며 그 속도를 반으로 단축시켰다.

여행사 업무는 생각보다 복잡하고 할 일이 많았다. 제일 중요하고 기본인 항공 예약과 숙소 예약, 현지 일정 체크, 해외 입출국 정보까지 알아야 할 것도 챙겨야 할 일도 많았다. 고객의 여행 문의를 파악하고 업무를 조율하고 고객의 니즈(needs)를 충족시켜주는 일 등의 여행 업무 자체가 재미있게 느껴졌고 나에게도 잘 맞는 듯했다. 점차 여행업의 매력에 빠져들었고, 더욱 열심히 일을 배워보고 싶어졌고 도전하고 싶어졌다. 내게 맞는 일, 내가 잘할 수 있는 일을 한다는 건 나에게 아주 행운이었다.

진정한 '인싸'는 내가 찾는 것

여행 업무를 재미있게 하자 자신감이 붙었고, 자신감이 붙자 자존감도 덩달아 높아졌다. 지독하게 앓던 20대 사춘기도 어느새 사라지고 없었다. 자신감도 없고 나아갈 길도 못 찾아 대학 졸업 후에도 1년을 쉬며 방황했던 내가, 나에게 맞는 일을 찾아 재미를 느끼고 삶의 행복을 느끼게 되었다. 신뢰를 얻고 인정을 받는다는 것은 사랑을 받을 때와 마찬가지로 큰 만족감과 행복감을 느끼게 해주었다. 고객들의 좋은 피드백은 스스로를 자랑스럽게 여길 수 있는 자긍심의 밑거름이 되었다. '될 대로 되라. 될 일은 된다. 잘될 거야!' 이런 마음은 나에게 넘치는 자신감을 선사했다.

나는 더 이상 변방의 떠도는 '아웃사이더'가 아니었다. 이 여행사에 꼭 필요한 사람이었던 것이다. 나에게 있어 '인싸'는 고객의 니즈를 충분히 충족시켜줌으로써 좋은 피드백을 받게 되고, 이로 인해 누군가에게 도움을 주는 존재였다. 나 스스로 빛나는 '인싸'가 된 것이다. 나처럼 소심하고 마음이 힘든 사람들에게 말하고 싶다.

“처음부터 끝까지 소심한 사람은 없어. 내 안에 있는 또 다른 나를 찾도록 노력해봐. 찾는 방법은 의외로 간단할 수 있어. 내가 좋아하는 일, 내가 잘하는 일, 내게 맞는 일을 스스로 찾는 것, 그것이 먼저야. 그런 다음 그 일 속에서 자신만의 노하우를 찾아. 진정한 ‘인싸’는 스스로의 나를 찾는 사람이야. 그리고 스스로 자존감을 회복하고자 할 때 가장 중요한 것은 스스로 자신을 사랑하는 것부터 시작한다는 사실을 잊어서는 안 돼!”

2장

비즈니스도 성공도 돌파력에서 출발한다

말단도 팀장처럼 일하라

받는 급여만큼만 일한다는 생각은 Oh, No!

일반 회사에서 사무실의 꽃처럼 앉아 있던 경험은 나에게 업무, 일의 중요성, 소중함을 일깨워주었다. 당연히 급여도 중요하지만 '급여의 많고 적음'이 일에 대한 나의 열정을 줄이지는 못했다. 꼭 받는 급여만큼만 일해야 하는 것인가? 내가 열심히 일해서 스스로 나의 급여를 높일 수도 있지 않을까? 개인의 여가, 사생활을 중요하게 여기는 이 시대의 가치에선 어려운 이야기일 수 있다. 하지만 여기엔 책임감의 문제가 있다.

나의 본업인 여행사는 일반 회사와 다르다. 눈에 보이지 않는 항공이나 숙박 상품을 판매하는, 시간이 지나면 소멸되는, 재고가 없는 상품을 파는 서비스업이다. 여기선 담당자의 책임감이 아주 중요하다. 긴박한 출장 건이나 일생일대의 여행을 계획한 고객의 일정이 직원의 사소한 실수로 어긋날 때 발생할 수 있는 상황은 상상을 초월한다. 따라서 적당히 일하거나 근무시간에만 일하는 것은 통하지 않는다. 나도 평일 저녁이나 주말에는 고객과의 상담이 곤혹스러울 때가 종종 있었다. 그렇다고 업무가 끝났다고 고객들의 어려움을 무시하고 넘어갈 수는 없었다. 그런 마음뿐이었다.

회사를 놀이터 삼아 놀았다

여행사 단기 아르바이트를 마친 후 처음 취직한 여행사는 학생들을 대상으로 하는 학생 전문 여행사였다. 이때는 1989년 여행 자유화 이후 넘쳐나는 고객들로 인해 여행사가 아주 호황이었다. 학생 전문 여행사에 걸맞게 젊은 사람들이 열정적으로 일했던 그곳은 직원들이 일요일에도 출근하는 경우가 많았다. 물론 신입이었던 나도 출근했다.

'내가 무얼 해야 할까?' 내 눈의 레이더망에 포착된 것은 구석에 쌓여 있던 종이 티켓이었다. 매일매일 바쁨의 연속인 선배들이 방치해놓은 것들이었다. 나에게는 반드시 처리해야 할 대상으로 여겨졌다. 선배들의 일이라지만 선배들이 못한다면, 하지 않는다면 바쁜 선배들을 대신해 나라도 처리해야겠다고 다짐했다.

꽤 오랫동안 별일 없으면 일요일마다 출근해서 항공 티켓 정리와 항공 예약 시스템 공부 등을 하며 회사에서 일하며 놀았다. 회사가 나의 놀이터가 된 것이다. 서비스업도 여러 가지다. 보험 판매나 자동차 판매처럼 고객에게 찾아가는 서비스가 있고, 여행 문의를 원하는 고객에게 상담해 드리는 찾아오는 서비스가 있다. 나는 여행사의 이 점이 마음에 들었다.

또 젊은 학생 고객들은 참 친절했다. 업무를 이렇게 재밌게 배운 것은 사람 간의 관계가 좋게 이어졌기 때문이라 생각한다. 서비스 받으러 오는 고객도 친절하고 서비스하는 직원도 친절한 환경이 더욱 좋았다.

팀장님이 갑자기 사라졌다

학생 전문 여행사에서 11개월 일한 후에 이직을 했다. 스카우트였다. 나의 두 번째 여행사인 'T항공'은 우리나라 항공 수요를 좌지우지하는 최고의 여행사였다. 예정보다 빠른 이직을 결정하게 된 이유는 T항공의 회사 시스템 때문이었다. 그곳은 체계적인 회사 시스템을 기반으로 먼저 여행 업무를 가르치고 교육된 직원들에게 여행 업무를 시키는 곳이었다.

그런데 T항공에서의 신입사원 업무 교육은 아주 고되고 힘들었다. '빡세다'라는 말이 딱 맞았다. 5대양 6대주 세계 지도 속의 나라들, 도시와 공항들, 각 나라의 입출국에 관한 정확한 정보, 항공 예약 시스템 등을 교육받았다. 그중 가장 힘든 것은 미국의

50개 주와 도시들, 공항들을 안 보고 줄줄이 암기해야 하는 것이었다. 아~ 다시 생각해도 머리에 쥐가 나는 것 같다.

나는 김포공항 맞은편에 있는 강서 지점으로 출근했다. 팀장님은 남자분이었는데, 개인적인 문제가 생겨 내가 입사하고 얼마 지나지 않아 출근을 못 하셨다. 강서 지점에 신입으로 들어간 나는 갑작스러운 팀장님의 부재로 인해 팀장이 되어버렸다.

이전 회사의 11개월이란 짧은 근무 기간을 경력이라 말할 순 없다. 하지만 나는 신입이지만 신입 같지 않은 신입이었다. 사장님은 눈썰미가 나쁘지 않고 일을 '빡세게' 배워 웬만한 업무는 척척 해결하는 나를 보고 스카우트 제의를 한 거였고, 그로 인해 수습 기간 없는 신입으로 입사했었다.

사장님은 이미 나의 업무 태도와 능력을 파악했기에 팀장 없는 위급 상황에 별 고민 없이 나에게 팀장을 맡겨버렸다. 나 또한 두려움이나 머뭇거림은 없었다. 자신감이 있다 없다가 아니라 못할 것은 없다는 생각뿐이었다. 학생 전문 여행사에서 밀려드는 고객들에 맨몸으로 부딪쳐온 나였기에 이미 단련이 되어 있었다. 그래서 고객 상담, 관리, 핸들링 등 크게 걱정이 안 되었다. "될 대로 되라! 되는 일은 된다! 케세라세라!"

여행업은 사무실 내근직이며 영업직이기도 하다. 지루할 틈이 없다. 이직한 회사의 여행 업무는 회사 출장 업무 대행으로 여행 범위는 더 광범위해지고, 여행은 더 구체적이 되었다. 출장에서 가장 중요한 건 정확한 항공 예약이다. 한 치의 실수도 허용되지 않는 아주 정교한 일을 핸들링해야만 했다. 이런 업무 특성상 나의 신경은 점차 날카로워져갔다. 이제는 실수 없이 일을 마무리하는 게 무엇보다 중요한 나의 임무가 된 것이다.

공항은 현장이다

김포공항 앞에 있던 강서 지점의 업무 강도는 정말 셌다. 공항은 현장이다. 여행사의 메인 업무도 여러 가지가 있지만, 여행 업무의 하이라이트는 고객이 공항에서 비행기를 잘 타는 것이다. 그래야 현지에 잘 도착해서 다음 일정이 진행될 수 있다. 비행기 탑승이 첫 번째인 것이다. 현지에서 실수가 생겨 만회를 하든 못하든 그것은 나중 문제다. 업무 도중 발생한 실수로 인해 비행기 탑승이 힘들어질 때, 이를 스피드하게 만회할 수 있는 현장은 바로 공항이다. 이것이 여행업에서 공항이 현장인 이유다.

우리 회사의 본사, 각 지점뿐 아니라 공항 내의 외국 항공사, 경쟁 여행사로부터 업무상 발생한 실수의 처리를 부탁받는 경우가 많았다. 비행기 탑승이 임박한, 급박한 상황에서 실수 없이 스피드하게 정확하게 업무 처리를 해야 한다는 점이 긴장과 살얼음의 연속이기도 했다.

고객 중에는 내국인뿐만 아니라 외국인도 꽤 있었는데, 영어가 취약한 나였지만, 개의치 않고 보디랭귀지를 해가며 업무를 처리했다. 급한 건 내가 아니라 그들이었다. 급박한 상황으로 인해 외국인이 내 말을 알아듣는지의 여부는 중요하지 않았다. 지금도 영어를 못하지만 외국 사람에 대한 두려움은 별로 없다.

고객은 을, 나는 갑! 일하다가 죽을 뻔했다

개인 고객들이 계속 늘어갔다. 하루종일 일해도 문의를 다 처리하기가 버거웠는데, 이로 인해 몇몇 고객들은 출근 전부터 문도 열리지 않은 사무실로 찾아와 진을 치고 기다리기도 했다. 바쁜 아침이 시작되고, 바쁜 하루가 되는 날이 빈번해졌다. 그러다 보니 갑과 을이 바뀌었다.

나와 거래하고 싶어 하는 고객들이 을이 되고 바쁜 나는 갑이 되었다. 오히려 고객들이 나를 위해 시간을 할애해주었고 나는 여건상 빠른 응대를 못할지라도, 야근을 감수하며 정확하고 차선책까지 준비한 철저한 업무 준비로 고객들의 항공 관리를 하고자 했다. 물론 모든 고객에게 갑은 아니었다. 기존 팀장님들의 고객이었던 분들은 그분들의 취향을 맞춰야 했다.

지금도 기억나는 고객이 있다. 남대문에서 도매업을 하는 분이었는데 낮과 밤이 바뀌어 나하고 스케줄이 안 맞았다. 어쩔 수 없이 출근 시간을 당겨 새벽 4시에 남대문 시장에서 고객을 뵙고 겸사겸사 시장을 구경하고 출근하기도 했다. 진짜 일하다가 죽을 뻔했던 시기이기도 하다.

신입이기도 팀장이기도 한 탑쓰리, 세일의 여왕

여행사는 결국은 영업이다. 모든 영업 부서는 부서의 영업 현황을 본사에 보고하고 관리과에서는 정확한 업무 실적을 사장님에게 최종 보고한다. 여행 성수기 시즌이 지나고, 성수기 시즌의 영업 실적을 집계하고 평가 시기가 왔을 때 나는 강서 지점 실적 1등을 달성했고, 본사 부서장 회의에서 내 이름이 자주 거론되었다. 신입이었음에도 다른 신입을 데리고 팀장 역할을 했던 나는 강서 지점뿐 아니라 회사 직원 전체에서 상위 5% 내의 영업 실적을 냈다. 우리나라 최고 여행사인 T항공에서 나의 별명은 '탑쓰리(top3), 세일의 여왕'이었다.

내가 다른 직원들보다 영업 성과가 유달리 좋았던 이유가 몇 가지 있다. 첫 번째는 사람들이 모이는 공항 내에서 발생된 문제의 사고 처리반 역할을 톡톡히 해냈고, 두 번째는 그들을 내 고객으로 만들었으며, 세 번째는 첫 여행사부터 실전으로 익힌 업무 습관을 매일매일 바쁨의 연속인 공항 업무에서도 잘 지키며 유지해나간 덕분이었다. 그 바쁨의 연속인 업무가 나의 체질상 아주 잘 맞았던 것 같다. 천천히 여유롭게 처리하기도 하지만 바쁘면 바쁜 대로 처리가 가능한, 전천후 만능 직원이었던 것이다. 신속성과 적극성, 성실성 등을 겸비해 영업에 최적화된 직원이 바로 나였다.

나의 세일은 '찐' 세일이었다.

전성기의 T항공 직원 수는 천 명이 좀 못 되었다. 그중 관리부나 카운터 등을 제외하면 영업부 인원이 600~700명이나 되는 대형 여행사였다. 각 부서는 한 명의 부서장과 여러 팀으로 구성되고, 각 팀은 팀장과 팀원으로 구성된다. 부서장은 팀을 관리하며, 팀장과 팀원은 본인들의 세일 외에 회사 윗분, 부서장의 세일까지 관리하며 그 실적을 팀의 실적으로 반영한다.

나는 강서에서 근무했지만 본사에 소속된 직원이었기에 직접적인 부서장의 관리도, 세일 혜택도 없이 스스로 나의 능력과 노력으로 영업 실적을 냈다. 즉, 나의 영업 실적은 내 노력의 결과물이었다. '탑쓰리'란 별명은 T항공 내에서 세일 순위가 딱 3등이라는 것이 아니라 성수기 시즌이나 다른 영향에도 큰 흔들림 없이 항상 세일 순위가 상위이며, 실제 '찐' 세일의 순위가 '탑쓰리'였기 때문에 붙여진 별명이었다. 나는 '찐' 탑쓰리, '찐' 세일의 여왕이었다.

일 욕심이 지금의 나를 만들었다

당시, 나는 세일 욕심에 사로잡혀 있었다. 팀장 역할을 하는 신입사원이었던 나는 정식 팀장이 아닌데도, 부서장이 아닌데도, 더구나 회사 사장이 아님에도 불구하고 세일에 욕심을 내고 또 냈다. 개인적인 여가시간을 갖고 싶다거나 개인 생활을 즐기고 싶다는 생각조차 들지 않을 만큼 내 모든 시간, 모든 정성을 회사 업무인 고객 관리에 매진했다.

왜 그렇게까지 했는지 명확한 이유는 모르겠다. 다만 일이 굉장히 재미있었다는 기억만이 뚜렷하다. 무엇보다 잘하는 거 없던 내가 잘하는 것을 발견하니 죽도록 최선을 다하고 싶었고 또 최선을 다하자 더 잘하고 싶은 깊은 애정이 생겼다. 말단인데 팀장처럼 일했던 기억은 이후로도 내가 이 일에 매진하는 데 탄탄한 밑거름이 되었다.

회사에 충성 말고 고객에 충성!

고객들의 칭찬은 나를 춤추게 했다

칭찬은 고래도 춤추게 한다고 한다. 나는 고객들의 칭찬에 춤추며 일했다. 나는 칭찬에 굶주린 아이였다. 사랑받는 막내딸이자 막둥이로 살았지만 그냥 이쁜 딸, 이쁜 동생이었다. 이런 나에게 나의 행동에 대한 정확하고 구체적인 칭찬과 격려는 나를 긍정적으로 만들었다. "잘한다. 고맙다. 최고다. 덕분에 좋은 출장이 되었다. 회사의 사활이 걸린 중요한 계약이었는데 팀장님 때문에 좋은 결과가 나왔다" 등 내 평생 이렇게 칭찬을 많이 받은 적이 없었다. 업무가 고되더라도 칭찬으로 인해 힘든지도 모르고 힘이 불끈불끈 솟아 더 열심히 일할 수 있었다.

칭찬이란 이런 거다. 칭찬의 힘은 사람을 바뀌게 만든다. 그렇다! 칭찬이란 막연하게 '잘한다. 좋다, 이쁘다'라고 하는 게 아니라 그 행동에 대해 정확히 평가해서 적절한 칭찬을 해주어야 칭찬의 정당성도 높아지고 그 칭찬의 효과를 더욱 극대화할 수 있다. 그리고 그런 칭찬은 더 높은 열정과 노력을 이끌어낸다. 나처럼 말이다. 나야말로 칭찬으로 나의 정체성을 확인하고,자신감을 갖고 새롭게 태어났다고 할 수 있다. 나의 성실과 노고와 열정에 대한 고객들의 긍정적인 피드백은 의미 있는 직장 생활과 더불어 나의 삶의 질을 높이는 계기를 만들어주었다. 이런 분들에게 내가 할 수 있는 건 최선을 다하는 것뿐이었다.

나의 작은 노고로 인해 고객들은 저렴하고 편안한, 가성비 좋은 출장이나 여행을 가게 된다. 그로 인한 고마움은 작은 선물로까지 이어졌다. 난 고가의 선물은 받지 않지만 작은 정성의 선물은 고맙게 받았다. 더운 여름날, 시원한 아이스커피 한 잔에 힘이 솟고 같이 일하는 동료들과 먹으라고 건네준 몇 개의 빵에 웃으며 즐겁게 일했다. 하지만 나에게 신조가 있었다. '현금으로 된 팁은 받지 않는다!'

그 무엇보다 값졌던 3천 원

팁 하니 생각나는 할아버지 고객이 있다. 몹시 더운 여름날,토요일 오후였다. 공항에서 업무를 마치고 퇴근길에 남대문 시장의 고객을 뵙고 집에 갈 예정이었다. 아마도 70대 중후반쯤 되는 할아버지 고객으로 기억한다. 일을 마치고 인사하고 돌아서는 나에게 그 할아버지 고객이 급히 내 손에 뭔가 쥐여 주었다. 순간 놀랐지만, 할아버지 고객의 눈빛에서 느껴지는 온화함이 나의 온몸을 굳게 만들었다. 곧바로 돌아서서 가버리는 할아버지 고객의 뒷모습을 잠시 보다가 손을 펴보니 3천 원이었다.

더운 여름날 고생하는 내 모습이 아마도 손녀딸처럼 느껴졌나 보다. 한동안, 아니 몇 년 동안 그 돈을 쓰지 못했다. 그냥 간직하고 싶었다. 세상 물정 모르는 철없던 나에게 3천 원이란 그냥 우스운 돈이었다. 그러나 그날부터는 돈이 다르게 느껴졌다. 단순히 돈이 아니라 나의 노고와 열정을 바꾼 것이라 생각했다. 순간 소녀 감성으로 뭉클해졌다. 이런 고객들에게 어찌 최선을 다하지 않을 수 있겠는가? 고객들은 정말로 내가 최선을 다하게 만들었다.

나 홀로 텅 빈 사무실에서

퇴근하려고 마음먹었을 때 울리는 전화벨 소리는 마냥 달갑지만은 않다. 나도 다른 사람들과 마찬가지로 업무를 마친 후에는 친구들과 만나서 맛있는 저녁 먹으며 수다도 떨고 가볍게 맥주도 마시며 힘든 하루를 마무리하고 싶어 하는 평범한 사람이다. 하지만 마구 울리는 전화벨 소리를 무시할 수는 없었다. 미국에서 온 국제전화였다. 미국으로 출장 간 고객의 다급한 목소리에 나는 당황했다. '어쩌지? 지금 나가봐야 하는데' 하며 한숨이 나왔다.

"얼마 전 미국 출장 갔던 김○○입니다. 현지에서 문제가 생겨 일정이 다 바뀌었어요. 어떡하죠?" 머리가 띵했다. '저야말로 어떡해야 하죠?'라고 속으로만 말했다. 무작정 컴퓨터를 켰다. 물론 현지 출장 스케줄이 바뀌는 경우가 종종 있지만, 근무 시간에 전화가 오거나, 고객이 어느 정도 스케줄을 포기하는 경우가 많다. 하지만 이 고객은 회사의 사활이 걸린 중요한 문제라며 지금 당장 스케줄 논의를 하자는 것이었다. 순간 말문이 막혔지만 우선 고객의 문제 해결이 먼저였다.

고객의 여정은 자국기, 외국 비행기가 혼합된 항공 여정과 숙소 예약 등 꽤 복잡했다. 만약 담당자가 업무가 끝났다고 퇴근하며 "현지 항공사로 문의하세요! 아님 현지 여행사 찾아가세요!"라고 했다면 어땠을까? 빠른 조처만이 사업의 성패를 좌우하는 상황에 그게 도의적으로 할 수 있는 말일까? 낯선 출장지에서 이런 돌발 상황을 능수능란하게 처리할 수 있는 사람이 과연 얼마나 될까? 여행사에 근무하는 나조차도 엄청 어려운 일이다. 그리고 그 상황을 해결할 수 있는 건, 담당자인 오직 나 하나뿐이었다.

문제는 현지가 박람회 기간이라는 것이었다. 고객의 일정에 맞게 여러 항공 스케줄을 조회하고 항공 예약을 바꾸어야 하는데 쉽지 않았다. 그런데 더 큰 문제가 나를 기다리고 있었다. 밤 11시가 되면 사무실 건물의 문이 잠긴다는 거였다.

신데렐라가 새벽 12시가 지나면 마법이 풀려 혼자가 되듯이 나도 곧 밤 11시가 지나면 인적이 끊긴 이 삭막하고도 어두운 공간에 나 홀로 남겨지게 될 것이다. '어떡하지?' 하며 머릿속이 하얘졌다. 친구와의 약속은 애당초 포기했지만 일 때문에 집까지 못 간다는 생각은 여태껏 한번도 해보지 못했다. 그런데 진짜 집에 못 갈 상황이 올 줄이야. 야근이나 주말 출근에도 "노 프라블럼(no problem)"을 외쳤던 나였지만 집에 못 가고 사무실에서 혼자 날밤을 새야 한다는 것은 내 동공이 확장되고 머리카락이 쭈뼛쭈뼛 서고 뇌에서 지진이 날 듯한 쇼킹한 일이었다. 엉엉 울고 싶었다.

고객의 출장을 해결하려면 잠겨 있는 건물, 컴컴한 건물 내에서 나 홀로 있어야 한다. 퇴근은커녕 최악의 상황까지 간 것이다. 그냥 너무 무서웠다. '어떻게 나 홀로 이 사무실에서 아침까지 견뎌야 하나?' 등골이 오싹하고 식은땀이 나고 무서웠다. 중간에 화장실 가고 싶을까 봐 물 한 잔도 마시지 못했다. 움직이는 것도 무서워 거의 부동자세로 고객과 전화하며 항공 스케줄을 짰다. 박람회 기간이라 항공도 숙박도 모두 만석, 만실이라 결론이 나지 않아 계속 체크하며 일정을 조율했다. 시간이 한참 지나서야 현지 스케줄도 정리되고 고객과의 상담도 마무리되었다.

새벽 4시가 지나고 5시가 되니 날이 밝기 시작했다. 그제야 무서움이 덜해졌다. '이젠 화장실 정도는 갈 수 있겠어' 하고 웃음이 났다. 건물 밖을 나가 하늘을 쳐다보고 주위를 둘러봤다. 이른 출근길에 나선 사람들도 보이고 버스에 탄 많은 사람도 보였다. 왠지 그날 아침 풍경은 그전과는 달라 보였다.

남들과 다르게 일해서 승부했다

아주 어려운 일을 해결해보니 자신감이 넘쳐났다. 모든 업무가 마찬가지겠지만 남들과 똑같이 일해선 결론이 안 난다. 남들과 다르게 일해야 한다. 그래서 나는 남들과 다르게 일했다.

특히 여행사 업무는 9시에 출근해서 6시까지만 일해서는 해결되지 않는 일들이 더 많았다. 그래서 시차가 반대인 미주, 유럽, 중동의 여러 나라들의 업무 시작 시간, 마감 시간에 일어나 일을 했다. 그러면 우리의 업무 시간에만 일할 때보다 좋은 업무 결과를 얻을 수 있었다.

여행사의 업무는 전화받는 일부터 시작한다. 전화를 잘 받아야 한다. 나는 입사 첫날부터 겁 없이 업무 전화를 받아 메모를 전달하며 작은 도움이 되고자 했고, 선배들이 내팽개친 잡일들도 스스로 했다. 특별한 일이 없으면 주말에도 회사에 나가 일하며 놀았다. 특히 나는 말단이지만 팀장처럼 생각하고 적극적으로 업무에 임했다. 이 모든 일을 할 때 걱정이 없었다. 상담이면 상담, 업무면 업무, 출근이면 출근, 무엇에든 단련된 나였다. 사람이라면 두려움도 좀 느껴야 하는데, 나는 두려움과 걱정을 어디에 두고 왔는지…. 나에게는 두려움이란 게 아예 사라진 것만 같았다.

나만의 보물 장부를 마련하자

나는 지금도 그렇지만 회사보다는 고객을 염두에 두고 일했다. 내 업무 처리도 물론 중요하지만, 나에게 고마운 고객들이 겪고 있을 어려움을 항상 잊지 않으려 노력했다. 이런 마음으로 늦은 시간 혹은 주말에 걸려오는 고객의 전화도 피하지 않았다. 그럴수록 업무 처리 속도는 빨라지고 업무 역량은 커져만 갔다.

눈에 보이지 않는 무형의 상품을 파는 여행사는 불규칙적이고 예측 불허하다. 경험해보지 못하고 예상할 수 없었던 문제들을 계속 접하다 보니 나만의 업무 팁, 비밀스러운 보물 장부가 생겼다. 항공이 만석이라 예약이 불가할 때는 우리나라 업무 마감 이후나 현지 나라의 업무 시작, 마감 시간에 항공을 다시 체크하고, 숙박지가 만실일 때는 현지로 직접 콘택트해서 예약하거나 관광의 경우는 현지 가이드와 미리 통화하여 고객의 성향과 특이 사항을 알려주며 문제가 생기는 것을 미연에 방지했다. 이는 내가 각각의 고객에게 집중하여 일하면서 터득한 나만의 노하우다.

여행업은 서로 신뢰가 쌓이고 실수만 없다면 더할 나위 없이 재미있고 의미 있고 성취감이 드는 일이다. 소개는 신뢰가 바탕이 되어야만 가능하다. “한 분의 고객 뒤에 백 분의 고객이 계신다”라는 말을 몸소 느끼며, 다른 마케팅이 필요 없음을 느꼈다. “성실은 말이 필요 없다”라는 진리가 나의 삶의 철학이 되었다. “고맙다”는 단순한 한마디가 나에겐 백 마디의 말보다 더 의미있게 받아들여졌다.

청년 창업을 시도하다

야수, 야생성을 잃어가다

T항공 5년 차가 되던 2001년, 나는 경력이 쌓이고 한 부서를 이끄는 부서장이 되었다. 부서장의 역할은 부서 내의 팀 영업을 관리하는 것과 팀원의 영업 교육을 책임지는 것이다. 변화무쌍한 여행업에서 그 변화에 적응하려면 교육이 생명이다. 잘 짜여진 회사 운영 시스템의 한 부분에 속해 있던 나는 이런 규칙적인 패턴이 식상해졌다. 야생성을 상실한 야수의 모습이랄까?

하루하루 내게 주어진 업무들을 처리하는 데 많은 시간과 에너지를 소비했다. 회사의 시스템이란 어찌 보면 개인보단 회사의 이익을 중시하며, 직원들이 맡은 바 역할만 다 하면 회사가 굴러가게 만들기 때문에 나는 회사의 부속품으로 전락한 느낌이

들었다. 잦은 부서장 회의, 그에 따른 직원 교육은 이전의 활동적이고 적극적인 영업을 하던 때를 조금씩 잊게 했다. 그러면서 신입에서 경력자로, 팀장에서 부서장으로 자리가 바뀜은 내게 '튀지 않고 평범하게 사는 것도 괜찮겠다'는 마음까지 들게 했다. 그런데 점차 지루해졌다. 삶이 따분하고 나른했다. 좀 더 적극적으로 새로운 일을 찾고 새롭게 시작하고픈 마음이 간절해졌다.

독립채산제에서 사장을 연습하다

우리 회사는 각 부서를 부서장들의 독립채산제로 운영했다. 독립채산제란 기업 내 경영 단위가 본인의 수지(수입과 지출)에 의해 단독으로 사업을 성립시킬 수 있도록 하는 경영 관리 제도이다. 기업 경영 단위의 계획 안에 자주적 경영을 보장하여 능률의 향상을 도모하고 이로써 경영 성과를 계산한다. 이는 업무 집행상의 책임을 명확히 하기 위함이기도 하다. 회사의 각 부서가 하나의 회사처럼 유기적으로 움직이는 것, 실질적으로 부서장이 돈을 멋대로 쓰는 것이 아니라 서류상의 지출을 집행하며 부서장은 회사의 임원으로 등재된다.

쉽게 얘기해서 한 부서가 회사이고 부서장이 사장이 되어 회사의 운영권을 가지며 부서를 회사처럼 운영하는 것이다. 각 부서에서 돈을 벌고 각 부서에서 지출을 잡으며 부서의 영업과 그 이익으로 직원 급여와 부서 경비 등을 집행한다. 영업이 부실한 부서는 예산이 부족하여 본사 관리과에 급여 포함 부서 운영비를 타야만 했다. 금전적인 부분은 가상인 부분도 있지만, 이런 경험 자체가 놀라웠다. 기존의 나는 막연하게 '회사, 그냥 잘 굴러가겠지'라고 생각했는데, 부서장이 되어 부서의 수입과 지출을 보며 전반적인 회사의 영업, 운영, 결산, 손익분기점, 감가상각비 등의 개념을 접하게 되었고 회사의 경영에 대해 막연하게나마 전반적인 그림을 그리며 좀 더 구체적으로 생각해보는 계기가 되었다. 부서장 회의 때마다 사장님은 "여러분들은 사장님입니다. 여러분들은 앞으로 더 큰 회사를 운영할 사장님입니다"라고 말씀하셨다.

이런 회사 분위기와 시스템은 실제 나에게 사장이 될 수 있는 예비 연습의 기회였으며, 내가 새로운 시도를 꿈만 꾸는 것이 아니라 현실에서 실현시키고자 마음먹게 했다.

책상 여섯 개, 상담 테이블 한 개로 시작하다

2003년 나는 5명의 동료와 법인 공동 여행사를 오픈했다. 1인 기본 투자금 600만 원, 초기 자본금 3,600만 원을 모아 법인을 설립하고 사무실을 임대하여 독립했다. 우리는 책상 여섯 개, 상담 테이블 한 개로 시작했다. 6명의 공동 법인 사업자로 구성된 우리 법인은 하나의 기본 목표가 있었다. 지출은 최소화하고 영업 이윤은 극대화하여 우리도 번듯한 회사를 만들어보자는 것이었다.

'사람 보고 오지, 사무실 보고 오나?'라는 생각이었다. 전화 상담이 메인이어서 작은 사무실은 크게 문제 되지 않았다. 각자 개인 고객들이 있었기 때문이다. 고객들의 사무실 방문은 최대한 자제시켰다. 서류 전달은 퀵이나 우편을 통해 받았다. 제한된 업무 시간 내에 여러 업무를 처리하려면 시간이 금이다. 나만의 업무가 아닌 대사관, 관공서, 항공사와의 업무 처리는 거래처 영업 시간 내에 맞추어 일을 마무리해야 하기 때문이다. 기존 고객들조차 사무실을 방문 하지 않고 담당자인 나의 얼굴도 모른 채 오직 전화기 너머의 목소리만 믿고 거래했다. 이는 신용을 담보로 했기에 가능한 일이다.

물론 나는 고객들의 서류를 받아서 고객들을 알고 있었다. 하지만 아주 오래된 고객분들 중에는 "박 실장님이 어떤 분인지 궁금하다"라며 멀리 부산, 전라도, 제주도 등에서 사무실을 방문할 때도 많았다. 그럴 때마다 왜 그렇게 부끄러웠는지 나도 잘 모르겠다. 요즘은 세상이 많이 바뀌어 카카오톡, 인스타그램 등 여러 SNS를 통해 만나지 않아도 서로에 대해 알 수 있는 시대이기도 하다.

이전에는 일이 재미있어서 고객들의 좋은 피드백에 춤추며 즐겁게 일했다지만 이제는 진짜 우리의 것이 생겨서 목적성 있게 열심히 일했다. '사장은 아무나 하나?' 하고 멀게만 느껴졌던 사장이라는 타이틀이 현실로 다가온 이상, 현실을 지속시키고 발전시키려면 최선을 다해야 했다. 벅찬 감격의 순간이 오래 지속되길 바란 건 나뿐이 아니라 우리 6인 모두였다. 운도 사업의 한 부분이다. 시기를 잘 택하는 것도 능력이다. 2003년, 이때는 세계 경기가 호황이어서 무슨 일을 하든 다 잘되었다. 20대 후반 30대 초반의 싱글이었던 우리는, 6명의 빛나는 사장이 되었다.

여섯 개의 장점은 시너지를 일으켰지만…

보통 동업이라 하면 쉽지 않다고 난색을 표한다. 물론 쉽지 않다. 아니, 어렵다. 하지만 동업이 가지고 있는 장점은 무궁무진하다. 처음 설립하는 법인의 절차와 서류를 같이 준비하고, 입지가 좋은 곳의 사무실을 구하고, 날마다 새롭게 업데이트되는 여행 정보들을 서로 공유했다. 외근이나 출장, 개인사로 인한 사무실 부재 시에는 서로 일 처리를 도왔다. 새로운 시작에 대한 두려움을 이겨내기 위해 의기투합하여 서로가 힘이 되어주는 존재가 되었다. 이 점이 가장 큰 장점이다.

여섯 개의 장점이 모이면 몇 배의 시너지를 불러일으킨다. 개성도 장점도 다른 6인이 한 사무실에 모여 사무실을 운영할 때, 여섯 개의 장점은 여섯 개로 끝나지 않는다. 장점과 장점이 만나면 시너지를 발휘하며 그 영향력은 두 배, 세 배가 된다. 세심하게 돈 관리를 잘하는 사람은 경리 업무에 좀 더 치중하고, 꼼꼼하여 사무실 집기를 잘 챙기는 사람은 사무실 관리를 도왔으며, 사교성이 넓어 인간관계가 좋은 사람은 항공사나 다른 여행사와 협조 관계를 만들어 사무실 영업에 도움을 주었다. 물론 한 달에 한 번씩 경리, 사무실 관리 등을 돌아가며 담당자를 따로 정했는데, 사무실에서 일어나는 상황을 우리 모두가 알자는 취지였다. 이렇게 서로 의지하며 도움을 주는 사이였던 우리는, 시간이 지남에 따라 마냥 좋을 수만은 없었다. 위기가 찾아왔다.

사무실 유지 비용을 1인당 60만 원으로 책정하고 총 360만 원으로 사무실을 운영했다. 여기서 각각의 영업 이윤에 대한 법인세를 나누어 내는 문제, 회사로 들어오는 판매 인센티브를 나누는 문제 등 누가 많이 벌고 누가 적게 버느냐의 형평성, 불평등의 문제가 제기되었다. 사실 세일이 많아 법인세의 책임이 강하다면 이는 또한 판매 인센티브의 권리도 커지게 된다는 말이다. 그리고 시간이 흐를수록 사무실의 여러 업무를 누구는 열심히 하고 누구는 소홀히 한다든지, 누구는 쉬운 일을 하고 누구는 어려운 일을 한다든지 하는 불만들이 생기면서 각자 마음에 담아두었던 내적 갈등들이 표정과 말로 표출되었다.

개인마다 역량이 다르고 이에 따른 영업 이익도 다르다. 우리가 솔로몬이나 포청천이 될 수도 없고 이 모든 걸 현명하게 판결내릴 수 없었다. 하지만 우리가 공동 법인 여행사 설립 시 첫 번째로 협의한 사항이 'n분의 1' 원칙이었다. 처음 투자금부터 회사 운영비, 법인세, 인센티브 등 모든 것을 'n분의 1'로 협의했다. 개인의 의사 권리도 'n분의 1'이었다. 동일하게 걷고 동일하게 나누기로 협의했던 사항이 시간이 지남에 따라 퇴색하고 각자의 입장 차를 주장하게 되었다. 그렇다면 만약 어느 하나가 투자금을 내거나 운영비를 감당했다면 문제가 대두되지 않았을까? 1명이 사장이고 5명이 이사였으면 대표 사장 1명이 우리 모두를 리드해나갔을까? 그건 모를 일이다.

6인, 짝수. 편이 갈리기 딱 좋았다. 이 작은 인원 속에서 편이 갈리게 되면서 식사도 따로 하고 꼭 해야 하는 말만 하는 상황이 벌어졌다. 가장 편해야 할 공간인 사무실이 가장 불편한 공간이 되어버렸다. 첫 번째 협의 사항의 뿌리가 흔들리니 공동 사업하는 명분도 약해졌다. 실타래처럼 복잡하게 얽힌 금전 문제는 이성적으로 풀기도 감정적으로 풀기도 애매해졌다. 그래도 우리 6명은 동업의 단점보다는 장점이 크다는 것을 정확히 인식하고 있었다. 어려운 창업을 같이 한 동료로서, 이 어려운 상황을 대화로 돌파하려고 노력했다. 대화 이외에는 다른 방법이 없었다. 6명 모두에게 만족스러운 결과는 아니었지만 서로 한 발씩 양보하는 성숙한 마무리를 택했다. 세상일이 모두 제 뜻대로 되지는 않는다. 어느 정도는 이해하고, 어느 정도는 어려움을 감수해야 다음 일이 진행될 수 있다. 그래야 다음을 도모할 수 있다.

사람을 배우고 인생을 배운다

창업이 내게 준 자산은 '각기 다른 개성과 인격체가 하나의 목표로 나아갈 때 생기는 갈등을 어떻게 조정할 것인가? 어느 정도까지 인내심을 가져야 하나? 사람의 본질을 마주했을 때 현명하게 감당할 수 있을 것인가?'의 문제를 책에서가 아닌 현실에서 느끼게 해준 것이다. 돈이 왔다 갔다 하는 비즈니스 세계는 정말 냉정하다. 돈 문제가 생길 때 사람의 본질이 비로소 보인다. 마냥 좋은 동료 관계에서 비즈니스 파트너로 바뀔 때는 현실을 객관적으로 바라볼 수 있는 냉정함과 상대에 대한 배려가 절실하다. 그래야 사업 파트너로서의 관계를 잘 정립시킬 수 있다. 동료와 사업 파트너는 다르다. 동업자 관계가 그래서 더욱 어려운 것이다. 사람을 살펴볼 안목이 필요하다.

내가 동업을 안 해봤으면 사람들 간의 관계를 반도 모르고 지나갔을 것이고 인간관계의 본질을 수박 겉핥기로 알았을 것이다. 돈이 오가고 새로운 이익이 나뉘는 동업을 해보니 다른 사람의 민낯도 보고 나의 민낯도 내보인다. 남을 통해 배우고 나 자신을 통해 반성한다. 사람을 배우고 인생을 배운다. 5년간 진행된 공동 법인 여행사의 마무리를 통해 끝맺음을 잘하는 법을 조금이나마 배울 수 있었다.

유행이 오는 지점에 미리 가 있어라

1인 기업을 시작하다

학교와 현장의 배움이 다르듯 여행사 직원으로서의 회사 생활과 여행사 사장으로서의 회사 생활은 다르다. 남들이 하는 사업을 바라보는 것과 내가 직접 사업을 하는 것도 다르다. 동업으로 회사를 운영하는 건 쉽지 않았지만 우리는 서로 협력했고, 서로 도왔고, 서로 의지했다. 5년간 6인의 공동 법인 여행사를 잘 마무리하고 나는 2008년 1인 기업으로 독립했다.

요즘은 청년 창업이 누구나 할 수 있는 일로 인식되지만 2003년, 2008년 당시에는 법인이나 기업 설립 등이 쉽지 않은 일이었다. 내가 1인 기업을 시작하게 된 첫 번째 이유는 공동 법인 여행사의 성공적인 마무리에 대한 자신감 때문이었다. 여행사 업무뿐만 아니라 여행사 경영에 대한 가치관이 조금이나마 형성된 이후였기에 가능했다. 두 번째 이유는 새로운 사업을 모색하거나 시도하기엔 여섯 명의 인원은 너무 많았다. 의견조율이 힘들다 보니 추진력이 떨어졌다. 각자의 처지, 사업 가치관, 사업 방향이 달랐기 때문이다. 세 번째 이유는 이전부터 계속되어온 법인세와 인센티브 분배의 문제가 한몫했다. 깔끔히 정리할 수도 없는 애매함이 답답했다.

마지막 네 번째 이유가 가장 중요한 원인이었는데, 바로 '새 술은 새 부대에 담는다'는 나의 신조 때문이었다. 무엇보다 나는 새롭게 출발하고 싶은 마음이 컸다. 그리고 나 혼자서도 일을 처리할 수 있겠다는 '자신감'이라는 무기가 생겼다. 성공을 해도 실패를 해도 내 몫이다. 내 행동은 내가 책임지고 싶었다.

처음 여행업 입문 시 습득했던 뒤죽박죽 지식이 머리에서 조금씩 정리되고, 고객과의 상담도 나의 언어로 진행되며 여행업에 익숙해지는 시기를 지나 부서장, 공동 법인 대표, 1인 기업 독립으로 나의 역량이 확장되니, 여행 업무 외에 좀 더 구체적인 경영에 대한 공부가 필요해졌다. 진짜 프로들의 세계에 진입함을 느끼게 되었다. 1인 기업 여행사로 사업자등록증, 관광사업자등록증, 통신사업자등록증, 사무실 임대, 사무실에 필요한 집기 일체(책상, 상담 테이블, 냉장고, 에어컨 등)를 나 홀로 준비했다. 소도 비빌 언덕이 있어야 한다고 했다. 난 비빌 언덕조차 없었다.

소속된 회사도 없고, 같이 머리 맞댈 동료도 없었다. 오직 믿을 수 있는 건 나 자신뿐이었다. 하지만 겁나지 않았다. 지난 5년간의 운영 '경험'이 나에겐 황금 같은 무기가 되어 내 손에 쥐어져 있었기 때문이었다.

세상에 떠돌아다니는 고객은 얼마나 많을까?

1인 기업이 되고도 개인 고객들이 많았다. 내 전문 분야는 출장 관리로 개인 출장, 회사 출장 모두를 핸들링했는데 지속적으로 개인 여행, 가족 여행, 패키지 여행 등 순수 관광 문의가 많았다. 매일매일이 바쁘다 보니 출장 관리가 아닌 순수 관광에는 손을 대지 못했다. '내 개인 고객들도 이리 많은데 세상에 떠돌아다니는 고객들은 얼마나 많을까?' 하는 생각이 들었다. 불특정 다수의 고객, 인터넷으로 들어오는 고객들에 대한 욕심이 생겼다. 인터넷 사업을 시작해야겠다고 마음먹었다.

우리나라는 IT 강국, 인터넷 강국이다. 우리나라의 오픈마켓은 90년대 후반부터 나타나서 2000년 초부터 성장하다가, 2000년대 중반을 넘어 인터넷 시장이 커졌다. 나에겐 이미 두 번의 인터넷 사업 시도가 있었다. 나는 2005년, 2007년 두 번에 걸쳐 항공 관련 홈페이지를 만들었던 경험이 있었다. 인터넷 판매에 대한 개념이 불투명하고 성장 가능성에 대한 확신이 적었지만 앞으로 인터넷은 무조건 같이 해야 할 필수 과정이라 여겨졌다. '지금,

현재는 사업이 잘되지만 언제까지 잘될 것인가? 내 개인 고객이 있지만 그 고객들이 언제까지 나만 바라볼 것인가? 가는 고객 막지 말아야 하지만 오는 고객은 열렬히 환영해야 한다. 그리고 대량으로 오게 해야 한다!'

단발성 고객과 신규 고객을 장기 고객으로 만드는 일은 쉽지 않다. 그러기에 더 많은 신규 고객들을 창출해야 한다. 계속 오게 만들어야 한다. 내 개인의 영업 역량만을 기대하기엔 불안감이 들었다. 이때 생각이 든 게 인터넷 사업이었다.

두 번의 시도, 명확한 실패

'앞으로는 인터넷의 시대, 온라인 판매 라인을 구축해야 한다!' 2005년 첫째 임신 중에, 2007년 둘째 임신 중에 내내 생각했던 내용이었다. 고객은 돌고 돌기에 새로운 고객, 수요를 창출해야 하는데 고객들의 소개나 입소문만을 기대해서는 안 되었다. 평소 여행업을 천직이라 생각했기에 아주 오래도록 일하고 싶었다. 그리고 덧붙여 아이들의 보육과 교육을 생각하다 보니 '인터넷 사업은 초기만 힘들지 자리를 잡으면 어느 정도는 안정기가 오지 않을까?' 하는 부푼 기대도 있었다. 하지만 그런 야무진 꿈과 기대는 현실에선 통하지 않았다.

2005년에도 2007년에도 아이를 낳자마자 본격적으로 온라인 홈페이지부터 만들려고 컴퓨터 프로그래머, 마케팅 담당자 등 많은 사람과 미팅을 했다. 초기 자본을 어느 정도 투자해야 한다는 건 예상했었다. 문제는 홈페이지 관리였다. 개인 고객과 달리 인터넷 고객은 정확함과 신속함이 성공과 실패를 가른다. 인터넷 고객들은 기다려주지 않는다. 스피드가 생명이다.

나는 도저히 할 수가 없었다. 오프라인 영업이 너무 잘되었기에 주말까지 일했던 나에게 더 이상 낼 수 있는 시간도, 체력도 없었다. 홈페이지만 관리하는 전담 직원을 구했지만 홈페이지 관리도 직원 관리도 쉽지 않았다. 오프라인 영업보다 온라인 영업은 고객과의 신뢰가 약하기 때문에 더욱 실수가 없어야 하고 더 빠르고, 더 적극적이고, 더 성실해야 성공할 수 있다. 그러나 내 일처럼 하는 직원들을 많이 만나지 못했다. 급여 문제도 여기에 포함되었다.

인생 삼세번이다

인터넷이 활성화되는 초기, 대기업 여행사가 인터넷 온라인 시장에 전면적으로 들어오지 않았던 시점인 2011년 '세 번째 인터넷 여행 사업'에 다시 도전했다.

'인생 삼세번이라는데 이번에도 힘들면 인터넷 사업은 깨끗이 접자'는 마음으로 시작했다. 이번이 마지막 시도임을 스스로에게 정확히 각인시켰다. 세 번째 인터넷 여행 사업을 시도한 이유는 출장 관리를 하다 보니 공적 고객들의 개인 여행 문의가 많아져서 패키지 온라인 사업에 도전장을 내밀 필요가 생겼기 때문이었다. '마지막'이라는 것은 특별한 '오기' 같은 것을 품게 만들었다. 새로운 각오로 전열을 가다듬었다. 새로운 직원들을 구하고, 홈페이지를 정비하고, 패키지 상품 판매를 준비했다.

나와 다르게 젊은 직원들은 참 똑똑했다. 그들을 무척이나 슬기롭고 현명했다. 출장 관리만 하는 나에게 새로운 트렌드나 내가 모르는 인터넷의 참모습도 알려주었다. 또 참 친절했다. 특히 고객에게 매우 친절했다. 아이들의 보육 때문에 사무실을 비우는 날도 많아서 직원들의 도움을 많이 받았다. 이때의 인터넷 사업은 대박은 아니었지만 '인터넷이라는 공간에서 자리는 잡을 수 있겠구나' 하는 판단을 들게 했다. 그래서 온라인 사업에 열정을 쏟았다. 완벽하지는 않았지만, 조금 많이 부족했지만, 될 듯한 분위기였다. 하지만 현실은 쉽지 않았다.

나는 항공 파트와 관광 파트를 구분하여 각 부서의 수입과 지출을 뽑고 결산을 했다. 인터넷을 기반으로 한 패키지 사업은 손익분기점에는 한참 미치지 못했다. 인터넷 광고비가 높았던 것이 가장 큰 이유였고, 직원 인건비도 큰 부분을 차지했다. 이 정도쯤이야 각오하고 시작한 사업이지만 나는 그리 대범하지 못했다. 별다른 투자 없이도 큰 수익을 내는 항공 파트와 달리 높은 광고비가 들어감에도 뚜렷한 성과를 내지 못하는 패키지 파트에 대한 확신이 점차 줄어들었고, '패키지 파트가 자리를 잡으려면 얼마나 많은 시간을 기다려야 할까?' 하는 조급함은 커져 갔다. 나는 '초보 인터넷 패키지 사업가'였다.

인터넷 광고비가 정말 만만치 않았다. 플랫폼도 너무 제한적이었다. 요즘은 SNS와 개인 인스타 등 여러 매체를 통해 광고하지만 이때는 키워드 광고가 메인이었다. 다음보다는 네이버가 독보적이었다. 키워드 광고를 할 때 주력 키워드, 세부 키워드, 전체 키워드로 나누고 나라별, 관광지별 키워드로 나누었다. 시간대별로 전화 몇 통, 어느 매체를 통해서, 어느 키워드를 보고 전화 문의했는지 등을 분석하고 하루 통계, 주 통계, 달 통계를 참고하여 다음 달의 광고 계획을 세우고 주력 키워드와 세부 키워드를 다시 선정했다. 달마다 선호도가 높은 관광지의 키워드를 분석하고 광고를 집행했다. 이런 부분은 젊고 똑똑했던 직원들의 도움이 컸다. 그 점이 참 고마웠다. 직원들의 열심히 일하는 모습을 보며 나도 힘을 냈다.

다행인 것은 항공 파트 수익이 좋았기에 큰 테두리의 회사 운영은 문제되지 않았다. 하지만 내 개인 수익이 줄어드는 것에 대해서는 아쉬움이 남았다. 새로운 시도를 할 때마다 긴장되고 힘들었지만 그것을 뛰어넘으려고 노력했고 새로운 의지를 불태웠던 기억이 난다.

회사는 시스템이 생명이다

회사의 운영이란 단순히 '손익분기점'만이 좌우하는 게 아니다. '회사의 시스템을 구축'해야 하고, 폭넓은 시야와 정치, 경제, 사회의 원리를 이해해야 하며, 보다 전문적인 지식과 인터넷 마케팅 원리 등을 알아야만 한다. 여기서 가장 중요한 점은 회사에는 어떤 나쁜 사정이 생겨도 굴러갈 수 있는 '회사 시스템'이 필요하다는 사실이다.

나는 세 번째 인터넷 사업을 4년 만에 접었다. 세 번째 인터넷 사업을 접었을 때 가장 아쉬운 것은 회사의 시스템이었다. 인터넷 사업을 4년간 유지했던 이유도 정성껏 쌓아 올린 회사의 시스템을 무너뜨리고 싶지 않아서였다. 사실 버리기 싫었다.

회사 운영에 있어 회사 시스템이란 회사의 수입과 지출과는 별도의 문제다. 이전의 나의 회사는 누가 와서 일해도 문제없이 굴러갔다. 직원들의 입사, 퇴사를 걱정하지 않았다. 작은 회사지만 사무실 운영 시스템이 있었기 때문이었다.

내가 지금 다시 옛날처럼 사업을 하게 된다면 어떨까? 기존의 시스템처럼 사무실을 돌아가게 만들려면 얼마나 많은 노력이 필요할까? 그때 시스템의 가치를 쉽게 생각하고 너무 쉽게 버린 걸 많이 후회한다. 시스템의 가치를 무시했던 나의 무지가 나를 후회하게 만들지만 후회에 머물러 있는 만큼 무지한 것도 없다. 그래서 그 이후로는 무엇을 하든 시스템의 가치를 잊지 않으려 한다. 행여 사업의 영역이 아닐지라도 말이다.

그래도 이 일이 내게 준 교훈은 컸다. 비즈니스란, 그것도 고객을 직접 상대하는 세일즈 영역의 비즈니스란 늘 유행이 흘러가는 방향에 서 있어야 한다는 점이다. 세 번의 인터넷 사업과 그로 인한 유형·무형의 경험들은 내게 사업성과 시대성, 트렌드와 회사 시스템에 대한 생각을 한 번에 정리할 수 있는 기회를 주었다. 이 모든 게 다 이후의 일을 하는 데 소중한 밑바탕이 되어주었다.

일밖에 몰랐던 그 시절로 돌아가라

여행사만큼 지구에서 하기 힘든 업종이 있을까?

여행사에 몸담고 살면서 나는 온갖 풍파를 다 겪고 살았다. 비단 우리나라뿐만 아니라 여행업만큼 하기 힘든 업종은 없다고 생각한다. 1997년 IMF 외환위기부터 시작해서 최근의 코로나19 사태까지 거의 해마다, 아니면 2~3년 주기로 여행사에 악재가 닥치지 않았던 적이 없다. '지구상에서 여행사를 하지 말라는 뜻인가?' 하는 생각도 들었다. 여행업이란 자연재해, 전염병, 정치, 경제, 사회적 위기 등 영향을 받지 않는 것이 없다. 세계를 뒤흔드는 문제나 사건이 생기면 어느 것 하나 쉽게 넘어가는 일이 없었다. 여행업의 산업 구조가 취약하니 다른 업종보다도 흔들림은 더 컸다.

내가 몸담고 있던 T항공도 그랬다. 1997년 IMF 외환 위기가 우리나라를 휩쓸었을 때 T항공도 매출이 수직하강했다. 오히려 바닥을 찍고 더 아래로 땅굴을 파고 있었다. 그때는 우리 모두 패닉 상태가 되었다. 1997년 IMF 외환 위기, 2001년 9·11 테러, 2002년 사스, 2004년 태국 쓰나미, 2008년 글로벌 금융 위기·리먼 사태, 2009년 신종플루, 2011년 유럽 재정수지 적자, 2012년 메르스, 2016년 사드 배치 후 중국 경제 보복, 북한의 6차에 걸친 핵실험으로 인한 한반도 긴장, 2018년 미국과 중국의 무역 전쟁, G2 파워 게임, 2019년 글로벌 경기 침체, 2020년 코로나19 팬데믹 등 여러 문제로 여행업은 직격탄을 맞았다.

위기는 지나간다

내가 기억하는 여행업의 1차 위기는 1997년 IMF 때였다. 이때는 여행업뿐만 아니라 우리나라 전체가 위기에 빠진 시기였다. IMF 사태로 30대 기업 중 17곳이 부도가 났고 127만 명이 일자리를 잃었다. 기초 제조업이 무너지고 탄탄하던 기업들조차 도산하고 팔려나가는데 여행이 웬 말인가? 여행사 사정이 나빠지는 것은 당연했다. 여행업은 사람들이 여유가 있을 때 돈을 쓰는 곳이다.

사장님이 급히 전체 회의를 열어 본사, 경기권에 있는 모든 지점의 직원까지 호출하여 IMF에 대하여 자세히 설명해주셨다.

언제까지가 될지 모르지만 우리나라의 전 국민이 힘든 시기를 겪어야 한다고, 마음을 굳게 먹고 이 어려움을 함께 헤쳐나가자고 말씀하셨다. 물론 뉴스, 신문 등의 기사도 보았지만 비장했던 사장님의 말씀이 내가 기억하는 가장 강렬하고 실감나는 IMF 외환 위기에 대한 기억이다. 나이만 들었지 세상 물정 모르던 나는 덜컥 겁이 났다. 갑자기 내가 어떻게 되는 것도 아닌데 심란한 마음은 쉽게 사라지지 않았다. 경험해보지 못한 불안과의 만남이었다. 이때 느낀 것은 어려움을 대하는 태도였다. '능력 있고 진중하고 존경스러운 리더의 한마디'가 나처럼 작고 나약하고 평범한 사람들에게 어떤 영향을 주는지를 말이다.

"맡은 바 자리에서 동요하지 말고 자기의 할 일을 다 하십시오!" 라고 말씀해주신 것으로 기억한다. "위기는 지나간다. 위기는 머물러 있지 않다."라는 말이 머릿속에 각인되어 어려운 일이 있을 때마다 떠올리곤 했다.

발상의 전환으로 위기를 돌파하라

사장님의 전체 회의 후 우리는 그날부터 머리를 맞대고 며칠씩 회의를 했다. 고객이 오지 않으니 고객을 오게 하거나 아니면 우리라도 고객을 찾으러 가야 할 판이었다. 회의 석상에서 어떤 사람들은 이렇게 말했다. "IMF 경제 위기를 우리가 어떻게 해결해? 나라님도 어찌 못하는 경제 위기야. 백약이 소용없어! 여행사를 어떻게 구해? 항공 티켓을 어떻게 팔아? 말도 안 되는 소리 하지 말아!"라며 부정적인 소리를 하는 사람도 많았다. '그러면 일자리를 다 잃고 회사가 망하는 것을 눈으로 보고만 있어야 하나? 어쩜 저렇게 무책임한 말을 하는 건가?' 나는 그런 생각이 들었다.

그렇게 며칠을 궁리한 끝에 눈이 번뜩이는 이야기를 들었다. 우리나라에 들어와 있는 많은 외국인 노동자들이 자기들의 나라로 돌아가야 한다는 것이었다. 누군가가 그 이야기를 했을 때 우리 모두는 책상을 쳤다. "바로 그거야!" "근데 외국인 노동자들은 어디에 있어? 어딜 가면 만날 수 있는데? 도대체 거기가 어디야?" "각자 가까운 동네를 맡아."

경희대 근처에 살았던 나는 그나마 가장 가까운 마석 가구단지를 맡기로 했고 다른 직원들은 구로나 안산, 시화의 공단 지대를 맡기로 했다. 공장 지대는 너무 낯선 곳이고 너무 외져서 혼자서는 위험했다. 각각 조를 짜서 팀별로 움직이기로 했다. 그다음은 일사천리로 착착 진행됐다. 나라의 큰 위기 앞에서 우리는 너 나 할 것 없이 능동적으로 이 위기를 돌파하려고 했다. 거의 반대가 없었던 것으로 기억한다. 단순히 직장이 아니라 우리를 숨 쉬게 하는 삶의 터전이었다. 우리는 그런 직장을 우리 스스로 지켜야 한다는 사명감을 느꼈다.

내가 간 마석 가구단지는 천마산 스키장 근처였다. 우리는 버스를 타고 먼 길을 찾아갔다. 스키 타러 오는 사람들로 인해 도로에 차가 많았다. '이 어려운 시기에 한가롭게 스키 타러 다니는 사람들도 있구나' 하는 생각이 들었다. 스키를 즐기러 가는 사람들 틈에 껴서 나는 마석 가구단지 입구에서 내렸다.

스키 타러 가는 그들의 가방엔 고글과 스키 장비가 있었을 테고 나의 가방엔 수북한 전단지와 명함, 테이프가 있었다. 사람 마다 입장 차가 다르고 살아가는 상황이 다른 거니까, 난 개의치 않았다. 마석 가구단지 입구부터 전단지를 붙이며 안으로 들어갔다. 가다가 외국인 노동자들이 보이면 전단지와 명함을 살포했다. 말도 안 되는 영어를 하며 사무실로 항공권을 문의하러 오라고 했다. 같이 일하는 외국인 노동자 동료들에게도 이야기해달라고 부탁했다. 열려 있는 사무실이 있으면 들어가 명함을 통째로 두고 나왔다. 전단지의 효과는 엄청났다. 외국인 노동자들이 한두 명 찾아오더니 그들 사이에서도 소문이 나서 그들의 친구, 친구의 친구, 친구의 가족들이 찾아왔다. 이렇게 우리는 IMF의 경제 불황을 전단지를 돌리고 붙이며 이겨냈다.

'아! 내가, 우리가 이렇게 용감할 줄이야. 이렇게까지 용감해질 줄이야.' 나도 몰랐다. 우리 모두가 몰랐다. 같이 힘을 주고받는 동료가 있어서 가능한 일이었다. 여자들은 정말 강하다. 특히 여행업에서 여성들의 역할은 독보적이다. 이것이야말로 여성 파워 아닌가? 독하니까 견뎌냈다. 독하니까 위기를 이겨내고 승리했다. 그리고 그때의 독이 몸에 뱄다. 그 독이 지금의 나를 만들었을 것이다. 일반 여행사에도 여성의 비율은 높지만 T항공 내에서는 여성이 거의 90%에 육박했다. 이러니 이런 독한, 강한 여성들로 구성된 T항공이 전체 여행사 중에서도 톱을 유지할 수 있었을 것이다. 땅굴을 파던 매출이 어느 정도 회복이 되었다. 다른 여행사에서는 생각하지 못했던 매출이라고 지금도 자부한다. 이 모든 성과는 위기를 돌파하기 위해 머리를 맞대고 발상의 전환을 통해 서로 협력한 덕분이라고 생각한다.

뉴욕 쌍둥이 빌딩과 함께 무너진 부서장의 꿈

두 번째 위기는 2001년 9·11 테러 때 찾아왔다. 세일의 여왕, 탑쓰리였던 나는 화려하게 본사의 부서장으로 복귀했다. 새로운 부서를 맡으며 신임 부서장으로 희망에 가득 차 있었다. '나는 부서장이야! 나는 부서장도 잘할 수 있어! 말단으로 있을 때부터 팀장처럼 일했는데 이젠 진짜 부서장이야! 다 잡아먹겠어!' 하는 마음이었다.

새로운 시작을 축하하는 환영회가 있었다. 술 먹고 다음 날 기분 좋게 회사로 출근하는데 사람들의 웅성거림이 느껴졌다. 뭔가 대형 사건이 터졌음이 분명했다. 술도 많이 마시고 속이 안 좋은 나였지만, 두 눈이 번쩍 뜨였다. 난리가 났다. 이슬람 무장 세력 알카에다가 미국을 공격한 것이었다. 나도 내 눈앞에 벌어진 장면에 너무 놀라 입이 다물어지지 않았다. 전 세계인을 충격의 도가니로 몰아넣으며 미국의 심장이 불타고 있었다. 미국이 말 그대로 '아작'이 나고 있었다.

환영회 다음 날 벌어진 테러로 세계 여행 시장이 꽁꽁 얼어붙었다. '미국이 공격을 당해? 세상에나! 미국이 공격을 당하면 세상에 안전한 나라가 어디 있어? 세계 어디를 어떻게 가?' 하는 인식이 퍼진 듯했다. 항공사도 여행사도 고객도 움직임이 없었다. 당시 뉴욕행 항공기 특가 요금은 왕복 399,000원에 불과했지만 그런 초특가 요금도 소용없었다. 아마 이때를 기점으로 항공사의 저가 경쟁이 시작되었던 것으로 기억한다. 이 요금이 얼마나 싼 요금이었냐면 깎아달라고 하는 고객의 말에 맘씨 좋은 사장님이 "그 돈 없으면 가지 말라고 하십시오"라고 말할 정도였다.

나의 부서장 발령은 사장님의 결심에 따른 것이었다. 이때는 국제선이 김포공항에서 인천공항으로 이전함에 따라 강서 지점이 축소되었다. 강서 지점 2명이 본사 부서장으로 올라가게 되었는데 한 사람은 과장이었고 나는 대리였다. 과장인 선배는 나의 신입 시절, 이미 대리였던 사람이고 충분히 부서장을 할 경력이었다. 반면 나는 부서장이 되려면 좀 더 기다려야 했지만, 사장님은 사무실을 새로 임대하고 인테리어도 하고 새 책상과 새 의자와 새 컴퓨터를 넣어주며 우리의 본사 복귀를 환영해주었다.

기존 사무실에 새로운 인원이 들어갈 자리가 없는 이유도 컸지만 세일의 여왕, 탑쓰리인 나에 대한 예우로 개인의 역량을 개인으로 끝내지 말고 확장시켜 부서를 잘 키우고 이끌어보라는 배려가 주 이유였다. 그런 믿음에 보답하고 싶었다. 멋지게 영업 실적으로 보여주고 싶었다.

그런데 미국의 심장이 불타다니, 미국이 이렇게 무너지다니 믿을 수 없었다. 새 사무실에서 새로 산 책상, 의자, 컴퓨터만 바라보았다. 본사에 온 지 얼마 되지도 않아 전화도 끊기고 세일도 끊겼다. 적막한 사무실에 앉아 있으려니 '이게 웬일인가?' 싶었다. '이제 어떻게 하란 말이야? 이 위기를 어떻게 해결해?'라고 속으로 소리 질렀다. 능력 있는 직원으로서 인정받은 박정빈이 부서장으로서 뭔가 보여주어야 하는 그때, 나는 손을 놓고 있었다. 능력과 실력을 보여주고 인정받고 싶었는데, 현실은 암담했다.

다시 을의 자리로

나의 마음은 항상 '을'이었다. 그런데 영업이 잘되고 고객들이 많이 찾을 때는 어쩔 수 없이 '갑'처럼 일했는데 9·11테러로 여행 시장이 꽁꽁 얼어붙고 조용해지니 나는 그들을 애도하면서 '갑'의 자리에서 조용히 물러나 '을'의 자리로 복귀했다. 신입 때부터 지금까지 숨 가쁘게 지나온 시간들을 돌이켜보았다. 과거를 알아야 현재의 문제를 풀고 미래의 문제를 대비할 수 있다.

"그래! 기본부터 다시 시작하자. 특별한 방법은 없어! 기본을 지키는 게 가장 특별한 거야!" 이렇게 마음을 먹고 가장 기본이 되는 고객 관리부터 시작했다. 한 명의 고객도 놓치지 말고, 여러 항공사의 특가 요금을 알리고 말겠다는 의지로 본격적으로 문자 보내기, 전화하기, 전단지 돌리기, 팩스 보내기를 다시 시작했다. '그래, 생각보다 말, 말보다 행동. 그냥 부딪히고 시작하는 거야.' 생각하는 박정빈보다 행동하는 박정빈으로 돌아가자고 결심했다. 앞서도 말했지만 이때는 NW항공사 뉴욕행 399,000원의 특가를 기점으로 여러 항공사의 저가 정책이 시작되었던 때로 기억한다. 미국뿐만 아니라 여러 항공사에서 많은 특가 요금을 내놓았다. 이런 특가 요금을 기반으로 몇 날 며칠 고객에게 전화를 돌리기 시작했다.

지금처럼 여러 가지 시스템을 이용하는 게 아니라 수작업으로 고객 명단을 작성하던 때였다. 나의 보물 창고인 고객 명단을 손봐야겠다는 생각이 들었다. 그래야 기존 고객 명단 정리도 쉬워지고 고객 관리도 효율적으로 될 것이다. 기존 가나다 순서의 고객 명부가 아닌 지역별 고객 리스트가 필요해졌다. 미국행 고객, 동남아행 고객, 일본행 고객 그리고 여행을 한 번이라도 간 고객, 나와 통화 경험이 한 번이라도 있는 고객 등으로 고객 명단을 나누었다.

처음엔 들쑥날쑥 보내던 문자를, 이제는 '맞춤별 고객 명단'으로 항공사 특가 요금에 맞게 그룹별로 보냈다. 고객 장부를 계속 업데이트하며 체계적으로 고객 관리를 했다. 허구한 날 전화통만 붙잡고 있었다. 한 분의 고객이라도 더 통화해서 고객과의 친밀도도 높이고 예약 성과도 낼 수 있도록 최선을 다했다. 그리고 사무실 이전 소식과 여러 항공사 특가 정보도 고객 회사의 팩스로 보냈다. 이런 일은 평소 업무보다도 손이 더 많이 가지만 실적에는 티가 나지 않는다. 그래도 영업을 담당하는 나로선 무조건 해야 할 일이었다.

그러고 나서 9·11테러의 여파가 잦아들었을 때 당시 문자를 받은 고객들이 다시 나를 찾아와주었다. 9·11 테러로 인해 영업하는 자세를 다시 가다듬고, 들쑥날쑥하던 비밀 창고 고객 명단도 '맞춤별 고객 명단'으로 업그레이드하며 짧은 시간, 높은 효율, 체계적인 영업 관리의 성과를 올릴 수 있었다. 발상의 전환으로 위기를 극복했다. 부서장의 개인 세일 평가는 없다. 하지만 부서장의 세일은 부서에 녹아 있고, 부서 관리 능력이 부서장의 능력인 것이다. 직원으로서 능력을 인정받았던 나는 부서장으로서의 능력을 인정받았다.

내 손안에 무기 있다

짧다면 짧고, 짧지 않다면 짧지 않은 시간이었겠지만 나에게도 여러 차례 위기가 찾아왔으며 지금도 위기의 순간에 처해 있다. 나는 지금의 위기보다 20대 방황하던 시절이 훨씬 더 위태롭던 위기의 시간이었다고 생각한다. 그때는 인생을 어떻게 살아야 할지, 어떤 방향으로 나아갈지도 모르고 무기도 없던 시절이었다. 하지만 지금은 다르다. 지금은 내 손안에 무기가 있다. 지금은 '이 무기를 어떻게 잘 활용하여 사용하는가?'의 문제인 것이다. 어떤 어려움이 닥쳐도 이 무기를 이용해서 이겨낼 수 있다는 각오가 되어 있다.

위기의 순간에도 우리는 살아간다. 어차피 살아가야 한다면, 그 삶의 한가운데에서 그냥 손놓고 있기보다 뭐라도 하면서 위기를 온몸으로 부딪히며 헤쳐나가는 게 현명하다고 생각한다. 남이 결론을 내주는 인생은 재미없다. 나의 인생은 내가 결론 낸다. 내 인생의 진행 상황을 내가 판단하고 현실을 인정하면서도 그 방향을 나한테 유리하게 이끌고 싶다. 위기는 누구에게나 찾아온다. 위기가 올 때 주저앉는 사람이 있고, 위기가 지나가기를 소심하게 기다리는 사람이 있고, 위기가 끝나는 걸 앞당기려는 사람이 있다. 나는 그 해결 방법을 찾는 사람이 되고 싶다. '칼로 무 자르듯, 칼로 위기를 베어버리듯' 위기를 종식시키는 사람이 되고 싶다.

"안 될 거야, 안 될 거야 하면 진짜 안 되더라. 하지만 될 거야, 될 거야 하니 진짜 되더라." 될 거라는 자신감은 나에게 새로운 시야를 눈 뜨게 하고 새로운 방법을 모색하게 했다. 또한 적극적인 자세는 상대에게 신뢰를 주게 한다. 그리고 이 모든 것들이 위기의 상항에서 극복할 힘을 나에게 주었다.

3장

체력이 없으면 돌파도 없다

나는 아프지 않을 줄 알았다

나중에서야 되살아난 그때의 트라우마

젊은 시절 건강하지 않았던 사람이 어디 있으랴. 거의 대부분의 사람들이 건강했을 것이다. 나 역시 마찬가지였다. 나도 젊었을 때는 건강했다. 강철 같은 체력과 자칭 통뼈로 나는 쉽게 아프지도 쉽게 지치지도 않았다. 건강만큼은 자신 있다고 자부하던 나였다. 20대 후반에 밤 비행기로 일본 출장을 간 적이 있었다. 출발 전부터 태풍 소식이 있어 불안했지만, 출장을 미룰 수도 안 갈 수도 없었다. 폭풍 전야의 기상 악화 속에 불안감을 다독이며 '별일 없을 거야'라고 되뇌었다. 한편 내 옆자리에 있던 여성 승객은 자신을 자랑하는 데에 한껏 도취되어 있었다. 나에게 본인은 네 개 국어를 하고 세계를 무대로 비즈니스를 하며 큰 사업체를 가지고 있다는 것이다. 근데 그 순간 비상 상황이 발생했다는 신호가 울렸다.

"삐오삐오~" 비상 경보음이 울리고 실내등이 깜박이며 꺼졌다 켜졌다를 반복했고, 산소마스크가 떨어지고, 반밖에 남아 있지 않던 캔의 콜라마저 흔들려 넘칠 정도였다. 비행기 안은 아비규환 그 자체였다. 내가 보았던 영화 속의 한 장면이 재현되었다. 다들 처절하게 공포를 느끼며 아우성일 때 나는 조용히 고개를 들었다. 그리고 사람들을 보았다. 고개를 든 사람은 나밖에 없었다. 왜 그랬는지 모르겠지만, 고개를 들고 사람들을 바라보는데 문득 이런 생각이 들었다. '나 지금 죽는 건가? 이 나이에 죽는구나! 마지막은 다 똑같네.' "오, 하느님" 내 옆에 앉아 있던 그 여자 승객도 죽음의 공포 앞에서 무력한 모습을 보였다. 저마다 공포에 떨고 있었고, 물론 나도 공포에 떨었다. 그런데 이상하게도 이런 생각지도 않은 공포가 현실감 없게 느껴지면서 오히려 마음은 담담해져갔다.

나의 중요한 필수품, 사혈침

지난 일들이지만, 사무실에서 일하다가 어지러워 쓰러진 적이 여러 번 있었다. 쓰러지더라도 다시 일어나 책상에 엎드려 죽을 힘을 다해 일을 마무리하고 건물 관리 아저씨들의 도움으로 부축을 받으며 택시 타고 집에 가는 일이 종종 생겼다. 내 일이 비즈니스에 종사하는 분들의 해외 출장 업무 대행이라서 아무리 죽을 듯이 아파도 일은 마무리해야 했다.

아이들이 여섯 살, 네 살쯤이었던가. 모임이 있어 아이 둘을 데리고 강남역으로 향했고 교대역에서 환승했다. 주말의 교대 환승역은 사람이 정말 많았다. 수많은 사람과 답답한 공기로 인해 갑자기 숨이 안 쉬어지고, 앞이 안 보이고, 머리가 흔들렸다. 그대로 쓰러졌다. 내가 가장 염려했던 상황이었다. 사람 많은 지하철, 숨 막히는 지하 공간, 더구나 아이들까지 있는 상황이었다.

정신을 차려가며 지하철 난간에서 계속 토하며 지상으로 올라가는 길은 멀고도 멀었다. 숨은 안 쉬어지지만 오직 살아야겠다는 생각밖에 없었다. 그러기 위해선 밖의 공기를 빨리 쐬어야만 했다. 죽을 힘을 다해 기어 올라갔다. 아이들이 울면서 따라왔다. 울면서 따라오기에도 너무 어렸던 아이들이었다.

나의 중요한 필수품은 손과 발을 따는 사혈침이다. 집에도 사무실에도 가방에도 사혈침이 있었다. 갑자기 숨이 안 쉬어지고 머리가 빙빙 돌거나 쓰러지려고 하면 열 손가락과 열 발가락을 무조건 찔렀다. 답답한 지하 공간에서 숨이 안 쉬어지니 가방에서 사혈침을 찾을 수도 손을 딸 수도 없었다. 겨우거우 밖으로 나가 토하며 손끝에 사혈침을 찌르며 사투했었다. 약속 장소로 가는 동안 내내 "미치겠다"는 말이 백 번, 천 번 나왔다.

트라우마였다. 몸이 약해지고 마음이 약해지니, 비행기에서의 트라우마가 나를 찾아왔다. 그로 인해 나는 외출을 꺼리는 사람으로 바뀌어갔다. 숨 막히는 지하철, 사람 많은 쇼핑센터 등은 최대한 피했다. 나에게 '지하'란 공기가 잘 통하지 않는 공포의 공간으로 인식되어 있었다.

도대체 무엇이 문제일까?

그러고 나서 몇 년이 지났다. 몸이나 질병에 문외한이었던 나는 '위에 탈이 난 걸까? 위암에 걸린 걸까?'라는 의구심이 들었다. 암의 전조증상이 어지러움과 구토 증세라고 하는데 평소 불규칙한 식사로 인해 위암에 걸린 줄 알고 공포에 떨었다. 그래서 위내시경 검사를 1년에 서너 번씩 받았다. 물론 시간 관계상 일반 내시경으로 검사받았다. 아이들을 챙기는 일, 회사 업무 처리 등으로 시간이 금인 나에게 하루가 다 소비되는 수면 내시경은 엄두도 못 내는 사치스러운 일이었다.

아플 때조차도 팔자 좋게 아프지 못하고 시간에 쫓기며 아파야 했다. 의사 선생님은 내게 일반 내시경을 정말 잘 참는다고, 1등이라고 칭찬하기도 했다. 여태 1등 한 번 못 해본 인생이었는데 일반 내시경 참기가 내가 했던 많은 일들 중에서 첫 번째 일등 경험이었다. 그런데 위는 문제가 없었다. '머리의 문제인 거 같기도 하고 얼마나 큰 병이 생겨서 이럴까?' 하는 두려운 마음이 들어 더 이상 병원을 찾지 못했다. 그렇게 차일피일 미루다가 몸과 마음이 너무 힘들고 생활이 고단해지니 '도대체 왜 이렇게 어지러운지, 왜 이리 몸이 힘든 건지 그 원인이라도 알아야겠다'는 생각이 들었다. 나쁜 결과를 받을까 봐 두려운 마음이 드니 병원 문턱을 넘는 데도 용기가 필요한 때였다.

청각을 상실할지도 모른다고요?

무슨 병인지도 모른 채 두려움에 휩싸이니 스스로 멘탈 잡기가 힘들었다. 병을 알면 차라리 치료에 힘쓰면 되고, 불치병이라면 남은 삶을 잘 정리하면 된다고 생각했다. 하지만 이건 순전히 나에게 해당 사항 없을 때, 남의 경우일 때 얘기다. 나의 몸에 이상 신호가 발생하고 몸이 아프기 시작하니 정말 병원에 가기가 힘들었다. 자꾸만 부정적인 상상의 나래를 펴게 됐고 그 속에서 몇 년이란 시간을 보냈는지 모른다. 그러면서 육체적 아픔과 정신적 아픔으로 나는 병들어갔다.

어느 병원에 가야 하나? 대학병원은 왜 이리 복잡하고 사람들이 많은지, 유명 교수님을 한 번 뵈려고 몇 달을 기다렸는지 모른다. 뭐든 쉽지 않았다. 증세가 심상치 않아 무조건 여러 군데 대학 병원에서 두루 검사했다. 최종으로 2014년 서울대학병원에서 여러 가지 검사를 한 후 거의 1년 만에 메니에르병 진단을 받았다. 다시 말해 몸의 균형을 잡아주는 달팽이관이 스트레스로 깨져, 심한 어지러움과 구토 증세와 갑작스러운 쓰러짐이 반복되는 병이다. 메니에르병은 수술해도 그렇게 크게 호전은 되지 않는다. 생활에서 잘 먹고 잘 자고 스트레스를 덜 받고 짠 음식을 금지하고 생활 리듬을 잘 지켜야 하는 생활 속 병이다. 그렇지 못할 때의 메니에르병은 심한 어지러움, 구토, 청각 저하, 발작, 혼절 등을 하는 쉽지 않는 병이기도 하다. 나는 계속되는 청각 저하로 왼쪽 귀가 거의 들리지 않은 지경까지 갔다.

'이러다 왼쪽 귀가 영원히 안 들리면 어떡하지? 그러면 장애인증명서도 나오나?' 아직은 젊다고 믿는 나에게 '청각 상실, 장애인증명서'란 말 자체가 어울리지 않았다. 나는 어이를 상실했다.

그래도 다행이라고 생각했다

나는 이미 결혼을 했고 책임져야 할 아이가 둘이나 있다. 결혼을 무르고 싶어도 과거를 되돌리고 싶어도 무를 수도 되돌릴 수도 없었다. 그냥 먹고 자고 하며 깊은 생각을 안 하고 살았다. 다들 이렇게 살 거라고 스스로 위안하며, 그대로 믿고 싶었다.

그래도 나는 다행이었다. 아주 여러 차례, 여러 병원에서 여러 검사를 받았고 그 과정이 쉽지 않았지만, 나의 병명을 정확히 진단받았기 때문이다. 어떤 병인지조차도 모르고 고통받는 사람들이 어디 한둘인가? 병은 알면 치료할 수 있는 확률도 크기에 나는 정말 아주 다행이었던 것이다. 나는 이렇게 나를 위로했다. 40대 초반이었던 나는 그냥 이렇게 지내고 있었다.

"엄마는 꼭 아빠 같아!"

내가 뚱뚱해지니 뚱뚱한 여성이 달리 보였다

메니에르병을 앓기 전에는 그리 뚱뚱해본 적이 없었다. 마른 것 같으면서도 평범하고, 평범한 것 같으면서도 마른 것 같은 몸매를 늘 유지했다. 먹는 것을 좋아해 맛집도 많이 찾아다녔다. 살이 잘 안 찌는 체질이고 몸무게도 큰 변동이 없어 다른 사람들의 부러움을 종종 받았다. 다이어트는 해본 적도 없고 할 필요도 없었다. 맛있는 음식 먹는 게 내 삶의 낙이었다. 심지어 두 아이를 임신했을 때도 몸무게가 그다지 늘지 않아 지하철 노약자석에 앉아 있으면 일반인이 노약자석에 앉아 있다고 일어나라는 핀잔도 많이 들었다.

나는 내가 날씬했을 때는 모든 여성들이 좋게 보였다. 마른 사람도, 보통 체형의 사람도, 통통하거나 뚱뚱한 사람도 나름대로 다 예뻐 보였다. 내가 내 몸에 만족하니 다른 사람들도 다 좋게 보였었나 보다. 그러다가 내가 뚱뚱해지니 색안경을 낀 것처럼 남을 보는 시선이 달라지기 시작했다. 더 이상 뚱뚱한 사람들이 예뻐 보이지 않았다. 만족스럽지 못한 내 몸이 연상되어서 그랬던 것일까?

"엄마, 꼭 아빠 같아"에 이어진 박뚱!

스트레스는 식탐을 부른다고 한다. 두 아이의 출산 후에도 쉽게 늘지 않던 나의 몸은 어느 순간 2~3kg 늘다가 또 2~3kg 늘다가 방심한 사이에 72kg까지 육박하게 되었다. 거기에는 메니에르병을 고치고자 먹은 약의 부작용이 큰 역할을 했다.

나는 여성치고는 조금 키가 큰 편이다. 키 작은 여성이 살이 찌면 그래도 통통하면서 귀여운 느낌이 있는데, 키가 조금 큰 내가 살이 찌니 어느새 '덩치 있는 여성', 아니 '덩치 있는 사람'처럼 보였다. 어느 날 아이들이 말했다. "엄마! 꼭 아빠 같아!" 여성미 자체가 사라져 남자가 서 있는 듯한 느낌을 받았나 보다.

다이어트를 결심하고 실천하기란 쉽지 않다. 포기해야 할 것이 너무나 많으니까 말이다. 나도 여성이기에 다시 날씬해지고 싶다는 소망이 있었지만 너무나 높은 벽으로 느끼던 다이어트를 쉽게 결심하지 못했다. 그런데 다시금 아이들이 결정타를 날렸다. "박뚱!"

장난스럽게 던진 말이라지만 나에게는 그 말이 비수로 꽂혔다. 아이들의 말이 틀린 것이 아니라는 게 더 서글펐다. 아이들의 눈에 내가 뚱뚱하고 덩치 큰 남자로 비쳤다면 정말로 내가 그렇다는 것이다. "엄마, 꼭 아빠 같아!"라는 말에 덧붙여 "박뚱!"이라는 말까지 들으니 '더 이상은 안 되겠다' 싶었다. 아이들에게 보여주기 위해서라도 날씬해져야겠다는 오기가 발동했다.

'이번엔 진짜 보여주리라. 이전보다 더욱 예쁘고 날씬한 엄마의 모습을!'

진퇴양난, 앞서 나갈 수도 뒤로 물러설 수도 없었다

매일매일 아이들을 등교시키고 집안일을 정리하고 출근하고 사무실에서 일하다 퇴근해서 아이들 저녁 주고 돌봐주는 삶이었다. 남들이 볼 땐 이상할 게 없는 평범한 일상이며 평범한 가정이었다. 하지만 내 마음속에는 '어디서부터 잘못되었지? 근데 뭐가 잘못된 거지?'라는 생각과 '그냥 이렇게 사나 보다 싶지만 정말 이렇게 사는 것이 맞는 거야? 이건! 숨만 쉬는 거 아냐? 하지만 다른 여자들도 똑같이 결혼해서 가정을 이루고 잘 살고 있어. 그럼 나만 이상한 건가?'라는 풀리지 않는 실체에 대해 혼자만의 생각이 매일같이 만리장성을 쌓고 있었다.

아이들을 잘 키우고 있는지, 집안 살림을 잘하고 있는지 회사 운영을 잘하고 있는지 스스로에게 물어보았다. 뒤죽박죽되고 뭔가 엉켜 있는 듯한 생활, 워킹맘으로서 아이들 보육에 대한 죄책감 등이 열정으로 가득 차 있었던 나를 지치고 힘없게 만들었다. 특히 어지럼증, 울렁거림, 구토 증세는 나를 더욱 힘들게 했다. 어떤 날은 아파서 하루 종일 누워만 있기도 하고, 좀 괜찮은 날은 아이들 재우고 혼자 맥주를 마시기도 했다. 주변의 또래 엄마들을 만나 속풀이도 하고 싶었지만 그건 쉽지 않았다. 나도 나의 부족함을 다 보이기엔 너무 내성적이었다. 간혹 친구들에게 하소연하며 "이래서 여자의 결혼은 불행하다"고 말하기도 했지만 '그게 무슨 소용인가?' 싶었다. 믿을 사람이라곤 엄마와 언니들밖에 없었다. '어떡하지…?' 진퇴양난'. 앞서 나갈 수도 뒤로 물러설 수도 없었다.

그때, 그냥 너무나 화가 나 있었다

둘째 아이 출산 때가 생각난다. 새벽 4시부터 진통이 시작됐었다. 첫째 아이 출산 때는 촉진제를 맞고 23시간 만에 출산했는데 그때 촉진제의 고통이 너무나 참혹했었다. 그때의 기억으로 인해 둘째 아이 출산 때는 진통이 새벽 4시부터 시작되었음에도 불구하고 오후 7시가 되어서야 병원 가는 길로 홀로 나섰다. 지금도 말하기 부끄럽지만 구급차를 부르면 빠르고 안전하고 쉽게 병원에 갈 수 있다는 걸 그땐 몰랐다. 콜택시만 계속 불렀는데 응답이 없어 아파트 단지에서 택시가 다니는 곳까지 10분 이상 소요되는 거리를 만 리처럼 느끼며 걸었다. 정신줄을 놓지 않으려 안간힘을 썼고 겨우 택시를 잡고 병원으로 향했다. 사실 나는 구급차는 아주 위급 상황에만 이용하는 거라 생각했다. 바로 내가 위급 상황이라는 것은 인지하지 못한 채 말이다. 출산 경험이 있다는 여자 기사님은 내 상황과 담담한 내 표정을 보곤 많이 당황해하면서도 이내 아무 말 없이 운전을 했고 병원에 도착한 뒤 차에서 내려 나를 병원 원무과까지 부축해주었다. 택시 안에서 엄마에게 전화가 왔지만 받지 않았다. 병원에 도착해서 수속을 밟는 중에 휠체어를 부탁하니 5분을 기다려야 한다고 했다.

"네? 5분요? 아기 나와요." 원무과와 분만실은 건물도 다르고 만삭의 임산부가 걷기에는 거리감이 꽤 있었다. 이 상황을 자초한 건 나였기에 울 수도 없었다. 휠체어를 포기하고 걸어서 산부인과 분만실로 이동했다. 있는 힘을 다해 힘껏 분만실의 문을 열어젖혔다. 갑작스러운 문 소리에 산부인과 의사 선생님들과 간호사님들이 놀라서 뛰어나왔고 느닷없이 얼굴을 내민 만삭의 산모를 보고는 완전히 할 말을 잃었다.

"혼자 오셨어요?" "네." 의사 신생님들과 간호사님들은 출산이 임박한 나를 두고 바삐 움직이기 시작했다. 보호자 대신 간호사님이 나의 신발과 가방을 얼떨결에 들었다. 30분도 채 안 되어 둘째가 태어났다.

사실 처음엔 촉진제를 피하려 집에서 최대한 참다가 병원에 가려고 했으나, 업무 인수인계할 것도 너무 많고 혼자서 병원까지 갈 힘도 없었다. 그러다 '도저히 안 되겠다' 싶어 병원에 가려 나섰던 것이다. 나의 이러한 무책임한 행동을 생각하면 지금도 둘째가 건강하게 태어난 것에 대해 너무나 감사하다. 혼자 분만실에 들어왔고 혼자 아기를 낳았으며 혼자 회복실로 들어갔다. 혼자 병실 침대에 누워 상념에 잠기니 오만 가지 생각이 나를 뒤흔들었다. 회복실에서 천장을 한참 쳐다보았다. '아기를 어떻게 키워야 하나?' 하는 생각에 처량했다.

얼마나 오랜 시간이 지났을까? 새벽에 가족들이 회복실로 왔다. 엄마는 전화를 받지 않는 나에게 무슨 일이 생겼음을 직감하시고 가족들에게 연락을 취하셨다. 이미 아기를 낳고 회복실에 누워 있는지도 모른 채 가족들은 분만실 앞에서 내가 나오기만을 하염없이 기다리고 있었다고 한다.

가족의 도움을 받아야 하는 그때, 나는 어느 누구와도 이야기하고 싶지 않았다. 엄마의 전화를 받지 않은 것도 그 때문이었고 왠지 모르게 그냥 너무 화가 나 있었던 것 같다. 돌이켜보면 아이가 잘못될 수도 있는 위험한 상황을 인지하면서도 독단적으로 행동한 걸 너무나 후회한다. 그러나 그만큼 당시 내 마음은 피폐해져 있었다. 표현하기 힘든 고통이 나를 짓누르고 있었다. 여자로 산다는 것, 며느리로 산다는 것, 부인으로 산다는 것, 엄마로 산다는 것에 대한 슬픔이 나에게 한 발자국 성큼 다가왔다.

빈 둥지 증후군, 여성 우울증

'빈 둥지 증후군(empty nest syndrome)'이란 말을 들어본 적이 있을 것이다. 자기가 온 힘을 바쳐 일군 가정에서 여성 자신의 역할이 축소됨을 느끼며 '나는 무얼 하고 살았나?' 하는 인생의 허무함과 마음의 공허함을 두루 느끼는 심리적 현상이다. 가정에서 사랑과 희생의 큰 역할을 담당하던 여성의 노력이 가정 내에서 존중받지 못한다고 느껴질 때는 주부 우울증으로도 이어질 수 있다고 한다. 주부 우울증의 초기에는 '자기 침묵'이라는 말수가 적어지기는 모습을 보이기도 한다는데, 점차 자신의 생각이나 행동이 가정 내에서 불필요한 말이나 잔소리로 치부된다고 느끼게 될 때는 더욱더 '자기 침묵'이 강화된다고 한다.

우리는 가정 내에서의 문제나 갈등을 회피하거나 이런 문제들을 가정 내에서 조용히 처리하는 것을 미덕으로 여기는 시대에 살고 있지 않나 반성해봐야 한다. 가정이 행복하려면 가족 구성원 모두가 행복해야 한다. 어느 누구의 희생을 담보로 해서는 안 된다. 우리 사회에는 이런 문제들로 인하여 고통받고 힘들어하는 사람들이 아직도 많은 것이 현실이다. 이런 문제를 개인사로 치부하지 않고 우리 사회의 문제로 받아들일 수 있는 '현실적인 사회적 공감대'가 형성되었으면 하는 바람이다.

가정은 네 개의 다리를 가진 의자와 같아 네 개의 다리 모두 각자로서의 역할이 있으며 한쪽으로 치우치게 되면 무게중심을 잃게 된다. 결국은 무너지게 마련이다. 그래서 지금 당장은 괜찮아도 마음의 이상 신호를 무시해서는 안 된다. 특히 여성에게 나타나는 몸의 이상 증상은 마음의 병을 동반하는 경우가 많아서 이를 잘 살펴볼 필요가 있다. 몸과 마음은 떼려야 뗄 수 없는 관계이기 때문이다. 마음의 병을 치료하는 게 중요한 게 아니라 마음의 병이 생기지 않게 하는 것이 아주 중요하다. 마음의 병이 생기기 전에, 깊어지기 전에 적극적으로 대처하는 것이 무엇보다 중요하다.

메니에르병 치료약이 나에게 준 선물, 비만

메니에르병 진단을 받았으니 본격적으로 치료를 시작해야 했다. 이 문제를 돌파해야 한다는 생각밖에 들지 않았다. 하지만 몸이 나으려면 철저한 휴식과 깊은 수면은 물론이거니와 염분 없는 음식 등이 절대적으로 필요한데 내 생활 패턴이 그것을 못 따라갔다. 일하는 나에게는 힘든 일이 아닐 수 없었다.

'그렇다면 메니에르 치료약이라도 열심히 먹어보자.' 결국 약에 의존하기로 했다. 꾸준히 약을 복용했고 빈혈이 심해서 빈혈약도, 그 밖의 영양제도 꼬박 챙겨 먹었다. 운동을 하지 않아 근력은 있을 리가 없었고 몸이 약해질 때로 약해진 상태에서 여러

약을 먹으니 약 먹은 오후에는 약에 취해 지내야 했다. 저녁 식사를 하는 와중에도 '심한 졸음'으로 식사를 다 마치지 못한 채 쓰러져 자는 경우도 많았다.

'졸음을 심하게 유발하는' 약의 부작용으로 밥 먹고 약 먹고 잠드는 일이 반복되자 살이 찌기 시작했다. 컨디션이 허락할 때 친목을 쌓기 위해 참석한 동네 엄마들과의 술자리도 한 원인이 되었다. 살은 자꾸만 쪘다. 결국 몸무게가 72kg까지 도달했다. 임신 중에도, 출산 후에도 살이 찌지 않았던 내가 일생 최초로 살이 찌는 경험을 하게 된 것이다. 무거워진 몸만큼이나 마음이 무거워졌다. 당당하고 패기 넘치던 내가 병 앞에서 무너졌다. 늘 날씬하던 내가 비만이라는 것을 경험하게 되었다. 나는 그렇게 무기력해지고 피폐해졌다.

예뻐지려고 하는 게 아닙니다

내 모습을 잃어버린 나를 마주했을 때

그날도 난 거울 앞에 서 있었다. 거울 속의 여자를 한참이나 쳐다보았다. 낯익은 얼굴이지만 굳이 아는 체하고 싶지 않았다. 웃어도 보고 윙크도 해보지만 그럴수록 더욱 낯설게 느껴질 뿐이었다.

'저게 나구나? 저 늙고 뚱뚱하고 표정 없는 여자가 바로 나구나. 내가 이리 망가졌구나.' 내 모습이 너무 낯설었다. '사람이 이렇게 늙나 보다. 여자가 이렇게 늙는구나.' 하지만 방법도 모르겠고 방법도 없다. 그래서 너무 서글프고 또 서글펐다. 내가 가장 서글펐던 건 "다들 그렇게 사는데 왜 너만 그래?"라는 말로 인해 말문이 막힌 나를 보는 것이었다.

내 마음을 알아주는 이 하나 없다는 사실에 몸도 무겁고 마음도 무거웠다. 그러다가 다시 거울을 봤다. 뚱뚱할 뿐 건강미는 전혀 느껴지지 않는 늙은 아줌마만 있었다. 이전의 날씬했던 모습을 더 이상 그려보지 못하고 '내가 감히 어떻게 다이어트를? 말도 안 돼!' 하고 체념을 해 버렸다. '더는 탈출구가 없을까?' 한없이 생각했다. 하지만 방법을 찾지 못했다.

인생이란 나한테 설명하는 거다

2017년의 화두는 중국과 한국의 사드 배치 문제였다. 2017년 4월 말에서 6월 초에 걸친 황금연휴의 일정을 짜던 중, 사드 배치의 외교적인 문제로 중국 여행비가 아주 저렴해서 '이번이 기회다'라는 마음으로 중국 여행을 계획했다.

세계 인구 1위, 세계 국토 면적 4위의 중국이다. 이런 중국을 한 번만 다녀오기엔 아쉬워서 두 달 사이에 계림, 청도, 북경 순으로 세 번의 중국 여행을 결정했다. 우리 아이들과 친구들, 그 엄마들과 함께 다녀온 여행이었다. 갈 때마다 새로운 친구들과 동행했다. 지인들과 여행을 가게 되니 단순히 놀러가는 게 아니라 업무의 연속이라고 느껴지기도 했다. 가족여행이고 인원이 많다 보니 아무래도 사진을 찍고 찍힐 수밖에 없었다. 그런데 여행이 끝난 후에 톡으로 주고받은 사진들을 본 후 나는 할 말을 잃었다. "이게 나구나?" 평소 사진을 잘 찍지 않아 내 사진이 거의 없어 나를 객관화하지 못했는데, 사진 속의 나는 정말 뚱뚱했다. 같이 간 엄마들과는 확연히 다른 몸이었다. 순간 얼굴이 붉어지고 부끄럽다고 느껴졌다. 다이어트 사례자로 방송 출연할 때 나온 사진들이 모두 이 시기 사진이었으며 사진 찍기 싫어하는 나에게 있어 유독 나의 사진이 많은 때이기도 하다.

나는 말하고 싶었다. 나는 변명하고 싶었다. "나 원래 이렇게 뚱뚱한 사람이 아니야. 나 무작정 많이 먹어서 살이 찐 게 아니라고! 몸이 너무 아프고 힘들고 괴로웠고, 메니에르병 약 부작용 때문에 살이 찐 거야"라고 항변하고 싶었지만 굳이 변명할 이유도 어느 누구 하나 들어줄 사람도 없었다. 본인의 사정은 본인만 안다고 하지 않나? '내가 다시 한번 힘을 낼 수 있을까? 다시 일어설 수 있게 용기를 낼 수 있을까? 아니야! 이번만큼은 오직 나만 바라보고, 나한테만 집중할 거야. 오직 나만 생각할 거야.'

인생이란 누군가에게 굳이 하나부터 열까지 설명하고 변명할 필요가 없다. 그 설명은 나, 본인한테 하면 된다.

예뻐지려고 다이어트를 한 게 아니다

나는 예뻐지려고 다이어트를 한 게 아니라 '살고' 싶어서 다이어트를 했다. 나도 그저 평범하게 살고 싶었다. 외출에 대한 두려움이 없는 평범한 삶을 살고 싶었고 좀 더 건강하게 살고 싶어 다이어트를 선택했다.

진짜, 독하게 다이어트를 했다. 꾸준히 했다. 철저하게 했다. 여기서 가장 중요한 건, 나 자신에게 정직하게 다이어트했다는 사실이다. 남은 속일지언정 나 자신을 속이지는 못한다. 내가 스스로 정한 다이어트 룰을 단 한 번도 어기지 않고 지켰다. 오히려 그 이상을 했다.

그리고 만약 내가 스스로의 약속을 지키지 못할 시에는 스스로에게 변명하거나 자기 합리화하지 말자고 결심했는데 그 약속도 지켰다. '나한테만 관대하지 말자. 나한테 변명하지 말자.'

다이어트의 성공은 내 인생에서 터닝 포인트가 되었다. 다이어트를 하기 위해 내가 돌파한 것은 나 자신이었다. 이를 위해 나는 몇 가지 원칙을 세웠다.

다이어트 수칙 일곱 가지

1. 작심삼일도 상관없다. 작심삼일을 서른 번 해보자.
2. 하루 식단을 실패해도 그다음 날 아무 일도 없다는 듯이 다시 시작하자. 하루 먹었다고 다이어트의 둑은 붕괴되지 않는다.
3. 가장 예쁘고 날씬했던 시절의 사진을 냉장고 앞에 붙여두자. 나는 다시 그때로 돌아갈 수 있어!
4. 내 치수보다 2인치 작은 옷을 사서 걸어두고 일주일에 한 번

정해진 시간에 입어보자. 그러면 처음에는 종아리에 걸리던 옷이 허벅지를 지나 엉덩이를 지나 마침내 목적지인 내 허리에 도착하는 날이 올 것이다.

5. 줄어드는 후크의 간격을 느껴라. 후크의 간격이 줄어들수록 다이어트에도 가속도가 붙을 것이다.
6. 지금 냉장고 상태 그대로 다이어트를 시작하라. 닭가슴살, 단백질 셰이크 등은 사절한다. 그런 다이어트라면 아예 때려치워라.
7. 다이어트 계획을 세우지 마라. 헬스복, 다이어트 식단 등 다이어트 쇼핑은 필요 없다. 그리고 시간을 정해서 하는 다이어트는 거창하다. 일상생활에서 실천하라. 굳이 헬스클럽에서 PT(personal training, 개인훈련)를 받아가며 다이어트해야 한다고 생각마라. 집 안에서, 시장 보면서, 외출하면서, 출근하면서 다이어트를 실천해야 한다. 엘리베이터 대신 계단을, 신호등 대신 지하차도를 선택하라. 한 발짝 더 떼고, 한 걸음 더 걸어라.

건강한 신체에 건강한 정신이 깃든다

고대 로마의 시인 유베날리스(Juvenulis)는 말했다. 건강한 육체에 건강한 정신이 깃든다고. 너무나 익숙하고 뻔한 이야기이지만 지금의 나에겐 너무나 가슴 깊이 와닿는 이야기이다.

나의 신체가 먼저 망가져서 메니에르병이 찾아왔는지, 나의 정신이 먼저 망가져서 메니에르병이 찾아왔는지는 나도 잘 모르겠다. 하지만 사실인 것은 나는 신체적·정신적으로 건강하지 못했고 또한 이를 해결할 어떠한 돌파구도 찾지 못해 오랜 시간 방황했다는 것이다. 그러다가 신체의 건강을 찾고자 부단히 노력한 결과 정신적 건강도 함께 찾아왔다. 나는 이제 나처럼 신체적·정신적 아픔이 있는 사람들에게 우선 본인 몸부터 챙기라고 권하고 싶다. 지난 시절의 나처럼 현재를 아프게 살아가고 있는 사람들이 나보다 더 건강해져 새로운 마음으로 다시 태어났으면 하는 바람을 가져본다.

내가 나에게 준 특별한 미션을 스스로 지켰다는 사실이 내 안에 큰 힘으로 남아서 지금의 나를 지탱해주는 기둥이 되었다. 요즘 현대인들은 알게 모르게 많은 상처를 안고 살아간다. 나도 마찬가지였다. 메니에르병이나 공황장애 등의 병들이 현대인들에게 많이 나타나는 게 그 반증이다. 신체와 정신은 별개의 것이 아니다. 신체와 정신은 상호의존관계이며 둘을 조화롭고 균형 있게 발달시켜야 건강한 사람으로서 건강한 생활을 영위할 수 있다. "건강은 건강할 때 지키라"는 말처럼 확고한 진리는 없다.

5일 안 먹어도 안 죽는다!

다이어트가 가능한 몸부터 만들기

다이어트도 기준이 필요하다. 앞에서 다이어트 수칙을 소개했지만, 수칙보다 우선으로 해야 할 것이 스스로의 마음을 가다듬고 스스로에게 확신을 갖는 것이다. 나는 다이어트를 시행하고자 할 때 무작정 음식을 조절하거나 운동을 심하게 하는 것보다 다이어트가 가능한 몸을 만드는 게 먼저라고 생각했다.

내가 찾은 방법은 '단식'이었다. 단식의 가치를 이미 잘 알고 있던 나는, 본격적으로 다이어트에 돌입하기에 앞서서 단식으로 몸의 독소를 빼고 몸을 깨끗이 정화시키기로 마음먹었다. 이런 행위의 결과로 인해 다이어트가 가능한 몸이 만들어질 거라고 굳게 믿었다.

내가 단식이란 말을 처음 접하게 된 건 고등학교 때였다. 인성 좋고 언변이 좋았던 생물 선생님의 수업 시간은 늘 재미있었다. 선생님의 사소한 말 한마디는 흡인력이 있었고 뭔가 빨려 들어가는 마력 같은 게 있었다. 생물 선생님은 단식이 몸의 독소를 빠지게 하는 것은 물론 노폐물을 몸 밖으로 배출시켜주어 몸을 깨끗하게 해준다고 가르쳐 주었다. 그러면서 본인은 1년에 두 번, 여름방학, 겨울방학마다 단식을 한다고 했었는데, 그 말을 들으면서 단식에 대해 호기심이 생겼었다.

첫 번째 단식의 경험, 대학 1학년 여름방학

나의 첫 번째 단식 경험은 1990년대 초, 대학교 1학년 여름방학 때였다. 단기 아르바이트를 끝낸 나는 여름방학이 지루했다. 그때 나의 머리에 떠오른 것은 생물 선생님이 말씀해주었던 '단식'이란 말이었다. '나도 단식을 할 수 있을까? 나도 과연 단식에 성공할 수 있을까?' 사실, 단식의 성공 여부보다는 단식 체험이 궁금해서 바로 단식을 시작했다.

'하다 정 힘들면 관둘 수도 있잖아?' 불나방 같은 내 성미로 못할 것도 힘들 것도 없다고 생각했다. 어쩔 거야? 5일을 목표로 한 첫 번째 단식을 앞에 두고도 나는 두려움이 없었다. 5일이란 기간 설정도 그저 5일간은 할 수 있을 것 같아서였다. '설마 실패하겠어? 하면 하는 거지'라는 거침없는 무모함이 있었다. 그때의 나는 다른 누구보다 젊었고 건강했고 거침이 없었다.

그런데 이게 웬일이지? 물만 먹는 5일간의 단식은 생각보다 힘들지 않았다. 전혀 힘들지 않았다고는 말할 수 없어도 충분히 할 만했다. 나도 놀랐다. 상식으론 아무것도 안 먹고 물만 먹고 5일을 버티면 바로 쓰러져야 할 것 같았는데 말이다. 나도 사실 걱정이 되긴 했었다. 그러나 단식을 직접 체험해보니 생각과는 달랐다. '밥을 안 먹으면 빙빙 돌고, 헛것이 보이고 제정신이 안 들어 이성을 상실하지 않을까?'라고 생각했는데 전혀 아니었다! 아침에 일어나 스트레칭하고 총 4리터 정도의 물을 마시면서 하루를 보냈는데 큰 무리가 없었다. 단 엄마가 있어 엄마의 보살핌으로 지낸 건 사실이다. 또 낮잠을 많이 잤다. 엄마는 나의 컨디션을 체크하며 힘들면 그만하라고 하셨지만 "이전 전쟁 난리 통에는 굶는 사람이 많았지만 사람 목숨이 며칠 굶는다고 어찌 되는 건 아니다"라고 담담하게 말씀하셨다. 모전여전인가 보다. 대학교 시절의 나는 56kg로 건강하고 날씬했다. 물론 단식을 하니 의도하지는 않았지만 다이어트도 자동으로 될 수밖에 없었다. 단식 성공 후 54kg로 더욱 날씬해져 학교로 돌아갔고 먹고 싶은 음식 마음껏 먹으며 단식을 잊어버리고 살았다.

두 번째 단식의 경험, 2015년 가을

나의 두 번째 단식 경험은 2015년 가을, 본격적으로 살이 쪄

가는 시기였다. 운동 부족으로 근력이 많이 떨어진 상태였고, 하루 빨리 살을 빼고 싶었고, 날씬해지고 싶었다. 예전의 나로 빨리 돌아가고 싶다는 욕구가 넘쳐났었다. 하지만 나는 돌봐야 할 남자아이 두 명이 있었고, 여행사를 운영해야 하는 워킹맘이었다.

나는 예전에 했던 단식이 생각났고 가족들에게 양해를 구하고, 친구랑 단식원에 입소했다. 5일 단식 성공 경험이 있던 나는 두려움이 없었다. 단식원 생활은 단순했다. 오전은 산책, 점심엔 활동 한 가지, 오후엔 자유 시간. 이게 다였다. 자유 시간에는 TV 보는 것 말고 딱히 할 일이 없었다. 아무리 친한 친구일지라도 좁은 방에서 굶어 신경이 날카로워진 여자 둘이 있기엔 힘들었다. 단식원에서의 생활은 무료함, 단조로움 그 자체였다. 결국 7일을 목표로 단식원에 들어갔지만 6일째에 퇴소했다. 단식은 5일만 성공한 것이었다.

5일간의 단식 후 식이 조절에 실패했다. 이유는 간단했다. 내가 2015년을 정확히 기억하는 이유는 백종원의 만능간장이 대히트를 친 바로 그때였기 때문이다. 내가 단식원에서 할 수 있는 거라고는 TV 시청밖에 없었는데, 나는 백종원의 만능간장을 마술사가 마술을 부리는 것처럼 신기하게 지켜봤다. 집안 살림이 서툰 워킹맘이었던 나에게 만능간장은 구세주처럼 느껴졌다. 아이들이 너무 보고 싶고 집이 너무 그리웠다. 단식원 생활이 너무 지겨워 6일째 되는 날에 퇴소한 나는 집에 오자마자 장을 보고 밤새 이 재료 저 재료 넣으며 만능간장을 실험했다. 재료의 차이는 있었지만 맛의 차이는 크지 않았다. 음식 만드는 게 재미있었다. 하지만 음식의 간을 보며 조금씩 먹은 음식으로 인해 내 몸은 코끼리 몸이 되었다. 염분 조절이 안돼 몸이 퉁퉁 부었던 것이다.

단식 후에는 미음이나 샐러드로 식단 조절을 해야 하는데 그러질 못하고 갑자기 짠 음식을 섭취하니 몸이 엄청나게 붓게 되는 건 너무나 당연했다. 두 번째 단식 성공 후 다이어트를 실패한 원인은 널널한 시간과 만능간장 때문이었다. '단식을 할 때, 다이어트를 할 때 시간이 많다는 게 오히려 독이 되는구나!' 하는 생각이 들었다. 바쁘게 지내면서 할 일 다 하며 단식도 하고 다이어트도 해야 배고픔을 잊는 것이다. 단식은 성공했으나 다이어트에는 성공하지 못한 나의 씁쓸한 경험이었다.

세 번째 단식의 경험, 2017년 여름

나의 세 번째 단식 경험은 2017년 여름이다. 7월 21일 아이들 방학을 기점으로 다이어트 디데이를 잡았다. 7월 24일 월요일부터 단식을 시작해 다이어트에 돌입하기로 결심했다. 디데이를 방학 이후로 잡은 이유는 다이어트로 내 컨디션이 안 좋아서 아이들 학업에 문제가 될까 싶어서였다.

다이어트를 시작하기 전인 22일과 23일에 걸쳐 나름대로 성대한 마지막 만찬을 하기로 마음먹었다. 그 이틀 동안은 하루에 무려 대여섯 끼나 먹었다. 먹방의 시간, 아이들과 오직 먹는 것만을 목적으로 맛있는 음식점을 찾아다니며 놀러 다녔다. 평소에 먹어보고 싶었던 것들을 이틀 동안 요긴하게 찾아다니며 먹었다. 학원 수업 없는 주말이라 우리 셋은 여행을 다니듯 즐거운 시간을 보낼 수 있었다.

그리고 대망의 2017년 7월 24일이 됐다. 24일부터 28일까지 총 5일 동안 일체의 음식을 금하고 물만 마셨다. 정말이지 물 외에는 아무것도 먹지 않았다. 다행히 아이들이 엄마를 이해해주고 도와주어 고마웠다. 다이어트하는 동안 내가 신경이 날카로워질 것에 대해서도 아이들에게 충분히 상황을 인지시키고 양해를 구했다. 당시 초등학교 6학년, 4학년이었던 아이들은 아직 어린 나이이었음에도 어른스러웠다. 그리고 순진했다. 엄마가 무슨 대단한 일이라도 하는 듯 자기들도 긴장해서 본인들의 할 일을 스스로 했다. 특히 학원 수업과 숙제 등을 완벽하게 해냈다. 엄마가 단식으로 쓰러질까 봐 걱정하며 집안일도 틈틈이 도왔다. 매일매일 나를 볼 때마다 아들 둘이 말했다. "엄마 괜찮아요? 안 괜찮으면 얘기해요. 병원 가게요." 그러고는 자기들끼리 수군댄다. "엄마, 정말 오늘도 아무것도 안 먹었어? 우리 몰래 먹은 거 아니야? 뭐 먹나 잘 지켜보자." 아침, 점심, 저녁으로 나의 컨디션을 체크하고 단식이 가능한지 불가능한지, 언제까지 단식할 수 있을지를 자기들 눈으로 직접 확인하겠다고 벼르기도 했지만 그러면서도 "어휴, 그만 단식하세요. 이러다가 정말 쓰러지겠어요"라며 근심스러워했다.

나는 단식을 선택했다

2017년, 세 번째 단식을 선택한 나의 목적은 모든 병의 원인이라는 비만으로부터의 탈출이었다. 비만 탈출을 위한 첫 단추를 몸의 독소를 빼는 단식으로 시작했다.

젊고 건강한 20대 시절의 첫 번째 단식 목적은 무모한 도전이었고, 아직은 젊다고 믿은 40대 초반의 두 번째 단식 목적은 돌파구가 필요해서였고, 이제는 성공을 점칠 수 없다고 느껴지던 40대 중반의 세 번째 단식 목적은 절박했던 비만 탈출이었다.

나는 5일간 지속된 두 번의 단식 성공과 두 번의 식이 조절 실패를 교훈 삼아 세 번째 단식에 돌입했다. 다시 한번 나를 믿어보기로 결심했다. 물론 쉽지 않았다. 하지만 아직 해보지도 않고 어려울 거라 속단하는 건 나의 생각일 뿐이다. 길고 짧은 건 대봐야 한다. 나는 단순하고 무모한 성향이 있어 결과를 내 눈으로 보거나 내가 직접 해봐야 믿는 편이다. 건강하지 못한 40대 중반의 단식이 쉽지 않겠지만, 그리 어려울 거라고 느껴지지도 않았다. 그동안 살다 보니 위기라고 느끼는 순간 뒤에는 더 큰 위기들이 도사리고 있다는 걸 경험했기 때문이다. 그런데 인생에는

'노하우'라는 찬스가 있다. 나는 이미 단식이 몸을 해하는 작용이 아니라 몸의 독소를 빼고 노폐물을 배출해주는 이로운 작용이라는 걸 알고 있었다. 더군다나 두 번의 단식 성공 '노하우'라는 나만의 무기를 지니고 있었다. 그리고 세 번째 단식 성공의 일등공신은 단연 '아이들'이었다. 아이들은 나에게 '가장 훌륭하고 가장 빛나는 보석' 같은 나의 무기였던 것이다. 보석 같은 아이들의 아낌없는 지원으로 세 번째 단식을 성공시키고 그 이후 식단 관리 등 다이어트를 무리 없이 진행할 수 있었다.

비워야 비로소 다시 채울 수 있다

'5일간 단식을 해도 죽지 않는다.'

보통 우리는 굶으면 금방 쓰러지거나 병에 걸리거나 큰일이 생길지도 모른다고 생각한다. 음식 에너지를 섭취하지 않으면 위험한 일이 생길 것 같다는 불안감을 느낀다. 하지만 일정 기간 음식 에너지를 섭취하지 않으면 부족한 에너지는 내부에서 가져온다. 특히 단식을 하면 정화작용이 일어나는 데다가 오래된 숙변이 제거되는 것은 물론 전신에 있는 독소와 노폐물이 빠져나가 백혈구가 증가된다. 한마디로 말해 생명 저항력이 증가하고 인체 저항력도 강화된다. 그렇다. 단식은 몸을 비우는 과정이다. 비워진 몸, 깨끗해진 몸으로 만드는 과정이다. 그리고 비워야 우리 몸은 비로소 다시 채울 수 있다. 단식은 건강을 위협하는 것이 아니라 건강한 몸을 위한 기초 단계를 만들어준다. 물론 몸이 약한 상황에서 단식을 무리하게 시도하거나 너무 오랜 기간 동안 단식을 하는 건 권하지 않는다.

우리 몸의 대표적인 호르몬인 인슐린은 혈당을 올리는 호르몬이자 살찌는 호르몬이다. 이 인슐린이 분비되지 않으면 우리의 몸은 배고픔을 거의 느끼지 않게 된다. 즉, 단식 기간 중에는 인슐린이 분비되지 않기 때문에 배고픔을 거의 느끼지 않을 수 있다. 그리고 단식에서 가장 중요한 것은 2일이다. 2일! 단 2일만 배고픔을 견디면, 단 2일만 단식에 성공하면 5일도, 7일도, 더 긴 단식도 성공할 수 있다. 여기서 2일이란 우리 몸에 저장된 탄수화물이 에너지원으로 소진되는 시간을 말한다. 우리 몸에 탄수화물 에너지가 소진되면 그다음 에너지원인 지방을 쓰는 몸이 된다. 단식 2일 이후에는 배고픔을 거의 느끼지 않으므로 단식, 다이어트 모두가 쉬워진다. 이는 단식의 놀라운 효과이다.

책에서 배우는 단식 원리

제이슨 펑(Jason Fung)과 지미 무어(Jimmy Moore)의 세계적 베스트셀러 《독소를 비우는 몸》(이문영 옮김, 라이팅 하우스, 2018)에는 단식의 원리에 대해 말하고 있다. 단식을 하면 몸에 저장된 탄수화물이 에너지원으로 소진되고 그다음 에너지원인 지방을 쓰게 된다. 단식 중에는 우리 몸에 음식을 더 이상 공급하지 않으니, 혈

당이 올라가지 않게 되고 또 인슐린 분비가 안돼서 배고픔을 거의 느끼지 않게 된다. 그래서 2일만 굶고 참으면 우리 몸이 지방을 쓰는 몸으로 바뀌어 배고픔을 거의 느끼지 않아 단식이 쉬워진다고 저자는 설명한다.

나는 사실 내가 살을 어떻게 뺐는지 잘 몰랐던 거 같다. 그냥 단식 좀 하고, 식단 조절 좀 하고, 운동 좀 하고, 그렇게 생각했다. 하지만 《독소를 비우는 몸》을 읽고 내가 비만 탈출을 어떻게 했는지를 정확히 알게 되는 계기가 되었다.

'식욕'을 돌파하고 건강해지는 아홉 가지 방법

다이어트는 한 방향으로 가야 한다

나도 단식을 하기 전에는 쉬운 다이어트를 위해 여러 방법을 시도해보았다. 다이어트 방법은 무궁무진하다. 심지어 요즘에는 인터넷은 물론 유튜브까지 활성화되어 있어 온갖 다이어트 방법이 쏟아져 나온다. 식단 관리 위주의 다이어트, 운동 위주의 다이어트 등 어떤 다이어트 방법이 최선인지 선택하기가 더욱 힘들어졌다. 다양한 방법의 선택이 주어진 것은 결코 행운이 아니다. 정보의 홍수 속에서 본인만의 기준 잡기가 더욱 힘들어진 까닭이다.

다이어트는 한 방향으로 가야 한다. 그 방향을 잡을 때는 본인의 체질, 체형, 체력을 잘 알아야 하고 그에 맞는 방향으로 계획을 세워야 한다. 내가 생각하기에 모든 다이어트는 실천만 할 수 있으면 다 성공한다. 실천의 문제이지 방법의 문제는 아니라고 본다. 수많은 다이어트 방법들은 저마다의 특성과 장점을 갖추고 있다. 문제는 수많은 다이어트 방법 중에 '나에게 맞는 다이어트를 어떻게 찾고 지켜갈 수 있느냐'라는 것이다. 그렇다. 다이어트 계획을 생활에서 잘 지키려면 '잘 지킬 수 있는 것'으로 선택하고 계획을 세워야 한다. 나도 내가 실천했던 다이어트 방식이 최고라고 말할 수는 없다. 그저 성실히 실천했기에 성공으로 이어졌던 것이고, 내 몸에 잘 맞았기에 좋은 결과를 얻은 것뿐이다.

거창한 계획은 버려라

사람들은 다이어트를 거창하게 생각한다. 다이어트의 본질은 살을 빼는 것이다. 그래서 건강한 몸으로 만드는 데 목적이 있다. 그런데 사람들은 다이어트를 너무 어렵게 생각하고 난공불락의 요새처럼 여기는 것 같다. 다이어트는 쉽지도 않지만 그렇다고 어렵지도 않다. 다이어트하려는 사람들에게 묻고 싶다. "본인에게 맞는 다이어트를 진지하게 고민해봤는가? 본인의 체형, 체질, 체력에 대해 잘 알고 있는가? 또한 본인의 체형, 체질, 체력을 고려한, 본인에게 맞는 다이어트를 계획하고 있는가?"

그저 어떤 음식을 먹고 살이 빠진다고 하면 무작정 따라 하다가 결국 힘들어 약에 의존하며 지방 흡입까지 생각하는 게 아닌지 말이다. 다이어트의 궁극 목적은 비만 탈출을 위한 건강한 삶이어야 한다고 생각한다. "다이어트를 위한 다이어트를 하는 게 아닌지?"라고 되묻고 싶다. 일례로 다이어트 식단을 찾는 데 그토록 많은 시간과 에너지를 소비하고 다이어트 식품을 사는 데 많은 돈을 쓰는 것도 다 이에 해당된다고 생각한다. 다이어트란 덜 먹는 게 중요한 거다. 다이어트 자체에 충실해야지, 다이어트의 본질을 떠나 다이어트 식단에 너무 많은 에너지를 쓰면 안 된다. 그런 다이어트 식단이라면 아예 패스해버려야 한다.

우리는 무얼 먹으면 살찌는지 너무나도 잘 알고 있다. 몰라서 살찌는 음식을 먹는 게 아니다. 살이 찐다며, 몸무게가 늘었다며, 다이어트를 해야 한다며 노래를 부르면서, 눈으로는 맛있는 메뉴를 찾아다니는 일은 얼마나 모순되고 웃기는 일인가. 다이어트가 필요하다면 덜 먹으면 되고 물을 많이 마시면 된다. 닭가슴살, 단백질셰이크 같은 거 필요 없다! 단백질이 필요하다면 식구들을 위해 된장찌개에 넣을 두부를 살 때 한 모 더 사서 먹으면 되고, 아이들 콩밥 해줄 때 다이어트용으로 한 주먹 더 삶아서 먹으면 된다. 다이어트하려면 확실하게 하라. 그래야 결과가 나온다.

냉장고 열기부터 시작하라

나의 다이어트는 일상에서 하는, 평범하면서도 돈이 안 들어가는 다이어트였다. 다이어트 식단 관리는 냉장고 열기부터 시작한다. 냉장고를 비우는 게 아니라 냉장고 열기부터 시작하는 것이다. 내가 먹을 수 있는 것과 먹을 수 없는 것부터 구분하자. 그리고 내가 먹을 수 없는 것은 당장 버려야 한다. 나의 다이어트는 냉장고 열기부터 시작해서 냉장고 비우기를 실천하는 것이다.

성공적인 5일간의 단식 이후 나는 내가 생각하기에 가장 좋은 음식인 부드러운 '새싹채소'를 선택했다. 굳이 '새싹채소'가 아니어도 괜찮다. 집 냉장고에 있는 채소를 먹으면 된다. 그것도 소스 없이 말이다. 어떻게 가능하냐고? 이게 바로 단식의 효과이다. 소스 없는 채소를 7일 먹은 이후에는 채소에 두부를 올리고 아마씨를 추가하여 올리브오일을 소스처럼 뿌려 먹었다. 느끼해서 어떻게 먹었냐고? 이 역시 단식의 놀라운 효과이다.

앞에서 내가 단식의 효과를 몸의 독소를 빼고 노폐물을 배출하여 우리 몸을 깨끗이 정화시키는 과정이라고 말했는데, 물론 나의 경험상 단식은 몸을 가뿐하게 만들고, 살도 빠지게 하며, 다이어트를 계속 지속할 수 있게 많은 역할을 해줬다. 단식은 이로운 행위임은 확실하다. 하지만 내가 의사도, 의학 박사도 아니고 정확하고 체계적인 자료를 제시할 수 없는 건 사실이다.

그렇지만 무엇보다도, 내가 최고로 뽑는 단식의 진실된 효과는 단식이 우리의 뇌를 리셋(resset)시키고 우리의 입맛을 리셋시

킨다는 점이다. 기존에 먹던 음식의 맛을 뇌에서 잊게 하고 입에서 잊게 한다. 치명적인 '단짠'의 맛을 잊을 수 있게 한다. 우리의 뇌에 기억된 음식의 맛을 잃어버리게 하고 새로운 음식의 맛을 기억되게 만들기 때문에 단식 후에 새로운 식단과 새로운 음식에 잘 적응하게 만든다. 그럴 때 진짜 음식, '참' 음식을 먹으면 된다.

그리고 내가 두 번째로 뽑는 단식의 진실된 효과는 단식을 하고 나니 미각이 되살아난다는 점이다. 미각이 되살아나니 음식 재료 하나하나의 고유한 맛을 느낄 수 있게 되었다. 사실, 나의 최애 음식은 '떡볶이, 라면, 어묵, 쥐포' 등이다. 엄마는 이런 나에게 어쩜 영양가 없는 것만 골라서 좋아하냐고 타박하지만 어쩔 수 없다. 그리고 이전의 나에게 채소는 그냥 풀때기 같은 느낌이었다. 나는 고기나 회도 썩 좋아하지는 않지만, 혹시 먹을 일이 있을 때도 채소를 곁들여 먹지 않았다. 과일도 그다지 좋아하지 않았다.

하지만 단식 후 먹게 된 '새싹채소'의 맛을 보고 깜짝 놀랐다. 예전에는 그냥 풀때기라고 느꼈던 그 풀때기들 안에는 여러 채소, 여러 풀때기가 있었던 것이다. 그 풀때기들의 맛을 처음 느끼고 처음 알았다. 내가 그동안 먹었던 무수한 음식들은 아마도 조미료, 양념, 소스의 맛으로 먹은 게 아닐까 싶다. 그래서 재료 본연의 맛을 몰랐던 것이다. 이런 나에게 단식은 '다양한 식재료에는 다양한 맛이 있음'을 미각으로 알게 하였다.

우리가 그동안 음식의 맛을 재료 본연의 맛으로 먹었는지 양념의 맛으로, 소스의 맛으로 먹었는지 진실되게 고민해봐야 한다. 음식이란 맛으로 먹는다지만 나는 음식을 눈으로도, 머리로도, 추억으로도 먹는다고 생각한다. 나는 몸에 좋은 참 음식을 나의 눈과 머리와 추억으로 먹었다. 그리고 좋았다.

조미료가 무섭다

다이어트할 때 가장 위험한 것은 '조미료와 인공 감미료와 각종 소스'이다. 이것이 우리의 입맛을 돋워주기 때문이다. 입맛을 돋우며 자꾸 음식 생각이 나게 하고 음식을 더 먹게 만든다. 최대한 조미료, 인공 감미료, 각종 소스의 사용을 자제해야 한다. 실제로 조미료, 인공 감미료 등은 우리 몸의 인슐린 호르몬을 자극한다고 한다. 자극받은 인슐린은 우리 몸을 배고프다고 느끼게 만든다. '가짜 배고픔을 유발함'으로써 우리의 먹는 행위에 정당성을 부여한다. 사실 우리는 가짜 배고픔은 잠시 견디면 금세 없어진다는 것을 알지만 우리가 그 유혹을 쉽게 떨쳐버리지 못한다는 것이 함정이다. 그래서 우리 몸이 살찌는 것이다.

명심하자! 인슐린은 살찌는 호르몬이다. 참고로 평상시, 음식을 하거나 비빔밥을 먹을 때 고추장보다는 간장을 권한다. 음식마다 다르겠지만 고추장의 비율을 줄이고 간장을 좀 더 활용하자. 고추장이 입맛을 더 돋운다. 고추장, 맵고 짠 음식, 조미료 등이 우리 몸의 인슐린을 더 자극한다.

주스는 마늘로

다이어트에 좋은 음식이 한두 가지가 아닌 만큼 결국 내 몸에 잘 맞는 것을 찾는 게 중요하다. 당시 내가 선택한 것은 바로 직접 만든 마늘 주스였다. 마늘의 매운 성분이며 혈전을 방지하는 '알리신'을 고열로 가열할 때 '아조엔' 성분이 나온다. '아조엔'은 우리 몸의 독소·노폐물 배출을 도와준다. 따라서 마늘은 체중 감량, 곧 다이어트에 아주 효과적인 음식이다. 익힌 마늘은 매운 성분이 줄어들고 고소한 맛이 강해져서 생마늘보다도 섭취하기가 좋다. 칼륨이 많은 바나나, 비타민C의 보고인 레몬, 펙틴이 많은 사과는 마늘과 함께 먹으면 좋은 과일들이다. 레몬과 바나나, 사과를 함께 활용하여 마늘 주스를 만들고 여기에 건강한 지방인 올리브오일까지 추가해서 먹었다.

마늘 주스 만드는 방법은 간단하다. 마늘을 여러 번 물에 헹구어 깨끗이 씻는다. 마늘을 푹 삶은 뒤 봉투에 조금씩 담아 냉동고에 보관한다. 삶은 마늘 한 봉지와 껍질째 잘게 썬 레몬, 바나나, 사과를 물과 함께 믹서기에 간다. 그 위에 올리브오일을 뿌려 먹으면 된다. 물 농도는 그때그때 자유롭게 정하면 된다. 나는 다이어트 중에는 식사 대용으로 걸쭉하게 먹었고 요즘은 건강과 요요 방지를 위해 물을 많이 넣어 편하게 먹고 있다.

나는 마늘 주스를 세 달간 먹었다. 주의할 것은 마늘의 장기 복용은 눈에 안 좋을 수 있으며 또 마늘에는 피의 응고를 막는 성분이 있어 수술을 앞 둔 환자는 금해야 한다고 한다. 물론 이 마늘 주스도 결국은 내 몸에 맞고 내가 잘 실천했기에 효과를 본 것이다. '무조건 이것이 좋다. 이대로 하라'는 것이 아니다. 사람마다 체질이 다 달라서 효과를 무조건 장담할 순 없지만 마늘, 바나나, 레몬, 사과, 올리브오일 모두가 장 건강 개선과 다이어트에 특히 좋은 재료였다.

껍질은 포기하지 마

나는 과일이든 채소든 웬만하면 거의 껍질째 먹고자 노력한다. 레몬과 사과는 깨끗하게 씻어 껍질째 갈았고 참외나 배 같은 껍질이 질긴 과일도 깨끗이 씻어 껍질과 함께 먹었다. 음식은 완전체로 먹는 것이 최고의 효과를 낸다고 한다. 시안화물 독성분이 걱정된다면 사과는 씨만 제거하고 먹도록 하자. 특히 껍질을 함께 먹으면 다이어트 시 발생하는 변비 문제도 해결할 수 있다.

"현대인들은 음식을 통째로 다 먹는 게 아니라 껍질은 다 벗겨내고 알맹이, 살만 먹는다"라는 말이 번득 생각났다. 이는 천연식품을 가공식품처럼 먹는 것과 같다. 실제로 사람들은 김장 담글 때 무청도 버리고 양파, 양배추, 고구마, 감자, 사과, 배 등 재료들의 껍질을 대부분 버린다. 그런데 이렇게 버려지는 껍질에 영양분이 진짜 많다. 진짜 영양분은 껍질에 있다. 우리는 진짜를 버리고 있었던 것이다.

나는 감자나 고구마, 무 등도 칼로 깎지 않고 철 수세미로 깨끗이 박박 닦아서 최대한 껍질을 살려 먹는다. 농약이 걱정된다면 식초물에 5분 정도 담가놓았다가 씻으면 된다.

잠을 잘 잘수록 날씬해진다

"미인은 잠꾸러기"라는 말도 있다. 실제로 잠을 잘 자야 살이 빠진다. 그리고 공복을 유지해야 잠을 잘 잘 수 있다. 배부르면 제대로 숙면하기 힘들다. 어떤 사람은 배고프면 잠을 못 자겠다고 하지만 며칠만 참고 적응하면 바꿀 수 있는 습관이다. 잠잘 때 공복이 얼마나 편한지 몸소 체험해보면 좋겠다.

자면서 자기 배를 쓰다듬어보자. 소화가 다 된 우리의 배는 쏙 들어가서 뱃가죽의 감촉을 느끼기에 아주 좋다. 비로소 자신의 배에 온전히 집중할 수 있을 것이다. 공복의 느낌이 얼마나 좋은지 알게 된다면 그 행복감, 만족감에 깊은 숙면을 취할 수 있을 것이다.

생체 리듬 다이어트

살찌는 주원인은 야식이라고 한다. 야식은 다이어트의 방해

요소일 뿐만 아니라 우리의 건강을 해치는 주범이다. 우리 몸의 신체 리듬은 해가 뜨면 활동하고 해가 지면 잠을 자도록 맞추어져 있다. 활동량이 많은 낮 시간에는 에너지 소모를 많이 하게 되고, 이로 인해 먹어야 한다. 활동량이 적은 밤 시간에는 신체 소화기관의 휴식과 회복을 위해 먹지 말아야 한다.

신체는 '음식을 섭취'하면 '흡수'되고 그 후에 '소화'되면 '찌꺼기가 배설'되는데, 이렇게 진행될 수 있는 시간이 필요하다. 우리 신체도 쉬어야 한다. 우리 장기도 쉬어야 한다. 그래야 우리 몸이 편히 숙면을 취할 수 있다. 야식은 방해꾼이다. 이 모든 것을 야식이 방해한다. 야식만 끊어도 살이 빠진다. 자는 동안에도 살이 빠진다. 음식의 양이 문제가 아니라 늦은 저녁 식사나 야식이 문제인 것이다. 다이어트의 가장 큰 방해 요인은 수면 부족과 야식, 폭식이다.

"우리의 배꼽시계는 정확하니까"라는 말처럼, 입이 심심해지는 밤 시간이 되면 으레 먹게 된다. 이렇게 야식은 습관이 된다. 식습관 개선과 규칙적인 생활 패턴으로 생활 리듬을 회복하고 신체의 생체 리듬을 잘 살리는 것만으로도 다이어트뿐 아니라 건강 신호의 파란불을 켤 수 있다.

걷고 또 걸어라

다이어트 중이나 건강을 유지하고자 할 때 걷기만큼 쉽고 편한 운동이 있을까? 집 밖에만 나가도 할 수 있다. 나 역시 다이어트를 걷기로 시작했다. 걷기를 계속하면 요요도 안 온다. 걸을 때는 햇볕을 쬐어보자. 햇볕이 너무 강할 땐 모자를 쓰고 걸으면 좋다. 아침에 일정한 시간을 정해서 걸으면 좋다. 직사광선이 최고조에 이를 때는 피하자. 우리 피부는 소중하니까 말이다. 직장 다니는 사람은 퇴근 후 매일 30분씩 동네를 걸어보면 어떨까? 매일이 힘들면 일주일에 세 번도 좋다. 퇴근 시 버스나 지하철의 적당한 곳에서 내려 집에 걸어와도 좋다. 시간의 여유가 있는 날은 걸어서 출퇴근에 도전해 보라고 권유하고 싶다.

워킹맘이고 아이들의 육아를 책임져야 했던 나에게 헬스클럽은 사치 중에 사치였다. 헬스클럽에 최소 3시간을 투자할 수 없었다. '그러면 운동을 포기해? 그래, 출근이 버스로 1시간이야. 여기에 30분만 더 투자하면 회사도 갈 수 있고 운동도 할 수 있어.' 내가 걸어서 출근한 이유였다. 나는 운동할 시간이 없었기에 1시간 30분 걸어서 출근하든지 퇴근하든지 했다. 시간이 허락할 땐 왕복 모두 걸어서 해결하기도 했다.

우리는 보통 버스나 지하철의 출근 시간에 핸드폰만 보게 되는데, 나는 너무나 음치여서 걸어 다니는 이 시간에 발성 연습과 노래 연습 등을 하며 나를 위한 온전한 시간으로 채우려 노력했다. 나는 나의 한계를 실험하곤 했다. 걷기를 시도한 날에는 아무리 힘들어도 중간에 포기한 적은 단 한 번도 없었다. 혹시 센 운동을 좋아해서 걷기가 성에 안 차는 사람도 있을 것이다. 그런 분들을 위한 걷기 상급자 코스의 워킹법이 있다. 이 워킹법은 모델 워킹법에 복식 호흡을 활용해서 내가 만든 워킹법으로 TV에도 나가서 소개한 방법이다.

'복식 파워 모델 워킹법'은 허리를 곧게 펴고 배에 힘이 들어가야 중심을 잘 잡을 수 있다. 워킹하기 전에 벽 서기를 통해 자세를 잡아주는 것이 더욱 효과적이다. 워킹하면서 배, 뒤쪽 허벅지, 엉덩이, 허리에 모두 힘이 들어가는 게 중요하다. 이 워킹법은 자세 교정과 하체 근력 강화에 아주 좋은 운동이다.

나에게 요요란 없다

72kg에서 다이어트를 시작한 후 첫째 달은 8kg, 둘째 달은 3kg, 셋째 달은 3kg을 감량했다. 세 달 만에 14kg을 감량한 것이다. 그 이후에는 건강하게 8kg을 더 감량했다. 현재 나의 몸무게는 50kg이다. 나에게 요요란 없다. 워킹맘이자 초등학생 두 아이의 엄마인 나에겐 기적과도 같은 일이었다. 헬스클럽에서 운동하거나 다이어트 약을 먹고 병원을 다니면서 다이어트하기에는 무엇보다, 나를 위해 투자할 시간이 없었다. 게으름의 문제와는 별개다.

나에겐 세 번의 단식 경험과 5년간 지속되고 있는 간헐적 단식이 있다. 운동할 시간이 없어 1시간 30분 걸어 출퇴근을 대신

하고 주말에는 둘레길을 최대 10시간 걸었던 적도 꽤 많다. 나름 열심히 다이어트했다. 열심히, 독하게 하지 않으면 다이어트는 성공할 수 없다는 결론이다.

나에게 다이어트 비법을 묻는 사람들이 꽤 많다. 내가 줄 수 있는 가장 좋은 팁은 "그냥 일상에서 다이어트하세요. 일상의 재료를 이용하고 일상에서 걸어서 운동하세요"라는 것이다. 나는 그들에게 이렇게 말한다. "본인에게 맞는 다이어트 방법을 찾는 것이 가장 중요해요. 남을 흉내 내는 다이어트는 오래 못 갑니다. 나는 나이고 남은 남이에요. 인생이 그런 것 같아요."

나는 걷기 운동으로 생활 리듬을 회복하고 생체 리듬을 극복했다. 햇볕을 쬐면 비타민 D를 합성하게 된다. 햇볕을 쬐고 걷기 운동을 하면 행복 호르몬인 세로토닌 분비가 왕성해져서 기분이 좋아진다. 충분해진 세로토닌이 멜라토닌 호르몬의 분비를 증가시켜 밤에 숙면하게 해준다.

나의 다이어트 사례를 정리하자면 첫 번째, 아침에 일어나 활동하고 밤에는 숙면함으로써 생활 리듬이 바로 잡히니 몸의 생체 리듬도 바로잡혔다. 두 번째, 야식, 과식, 폭식을 줄이고 간헐적 단식과 규칙적인 식사와 규칙적인 생활로 생체 리듬과 생활 리듬 모두가 좋아졌다. 세 번째, 결과는 다이어트 성공뿐만이 아니라 고질병으로 나를 힘들게 했던 '메니에르병'까지도 5년째 발병하지 않고 있다.

몸도 마음도 리즈 시절로 돌아가라

체력은 돌파력의 완전체다

누군가 내게 건강을 잃어버리고 어떤 상실감이 가장 컸냐고 묻는다면 "정신력의 원천을 잃은 게 가장 크다"고 대답하겠다. "건강을 잃어버리고 나니 건강과 함께 정신력도 사라졌어요!"라고 말이다. 그럼 왜 체력이 정신력의 원천이냐고 묻는다면 "체력이야말로 인생을 돌파하는 힘의 완전체예요. 체력이 처음이자 끝이고 모든 것입니다. 공부, 일, 사람, 우정, 노는 것 모든 것이 체력이 있어야 가능해요. 체력이 없다고 상상해봐요! 모든 게 다 하기 싫고 의미 없을 거예요"라고 대답하고 싶다.

마지막으로 건강과 체력이 그렇게까지 돌파력과 관계가 있는 것이냐고 묻는다면 "한번 아파보세요. 아파보시면 아실 거예요.

먹는 것부터 노는 것까지 다 힘들어져요. 모든 힘이 건강, 체력에서 나와요. 체력이야말로 인생을 돌파하는 힘의 완전체예요"라고 대답하고 싶다. 짧은 인생이지만 나의 지나온 시간을 돌이켜보니 체력이, 힘이 곧 돌파력이었다. 내가 건강하고 활력 넘치던 그때는 어떤 어려움도 깡으로, 무모함으로 돌파할 육체적·정신적 파워가 있었다. 간혹 힘이 부족해도, 불가능해 보여도 '별거 있겠어? 부딪혀보자. 난 할 수 있어'라는 자신감으로 승부했다. 그리고 그 자신감은 현실에서 큰 힘, 돌파력으로 발휘됐다. 최고의 결과도 있었지만 차선책의 결과만으로도 나를 만족시켰다.

젊은 시절, 나는 못 할 거, 안 될 거 없다고 생각했다. 젊음과 체력이, 힘이 나를 그렇게 만들었다. 반대로 내가 힘들고 메니에르병으로 괴로웠을 때는 체력이 바닥으로 곤두박질치니, 일을 하거나 혹은 새로운 일을 모색해야 할 때 추진력이 약해지고 깊이 있는 진행도 힘들어졌다. 어쩔 때는 빨리 결과만 나오기를 기다리기도 했다. 그렇게 체력이 약할 때는 돌파력도 함께 힘을 잃었다. 체력이 있어야 돌파력도 완전한 힘을 발휘할 수 있는 것이다. 그렇다! 체력이 곧 돌파력의 완전체인 것이다.

100세를 온전히 살아가는 힘

우리는 쉽게 '100세 시대'라는 말을 많이 사용한다. 나도 가끔 '내가 과연 100세까지 살 수 있을까'라는 의문이 들기도 한다. 하지만 중요한 것은 100세까지 사는 것 자체가 아니라 어떤 100세를 맞이하는가이다. 예를 들어 기대수명은 우리가 사는 기간을 말하고 건강수명은 병 없이 건강하게 사는 기간을 말한다. 현재 한국인의 기대수명은 82.7세(남성은 79.7세, 여성은 85.7세)이며 유병기간을 제외한 기대수명, 곧 건강수명은 64.4세(남성은 64.0세, 여성은 64.9세)이다. 이는 평균적으로 65세를 넘어서면 18년 정도는 질병을 앓게 돼서 건강하지 못한 생활을 한다는 것이다. 물론 사람마다 수명의 차이는 존재한다. 각자의 기대수명, 건강수명이 다 다를 것이다. 하지만 우리가 나이 들어감에 따라 신체는 늙어가고, 우리는 건강을 장담하지 못하는 현실에서 살아가게 된다. 가늘고 길게, 아프며 사는 것이 과연 의미가 있을까? 골골대는 100세는 아무도 원하지 않는다. 즉 '나의 전체 수명 중 얼마나 오랜 기간을 건강하게 사는가?' 하는 것이 중요하다. 나의 기대수명 중 건강수명을 얼마나 길게 만드느냐의 것이 문제인 것이다.

〈유병기간 제외 기대수명, 2018년〉

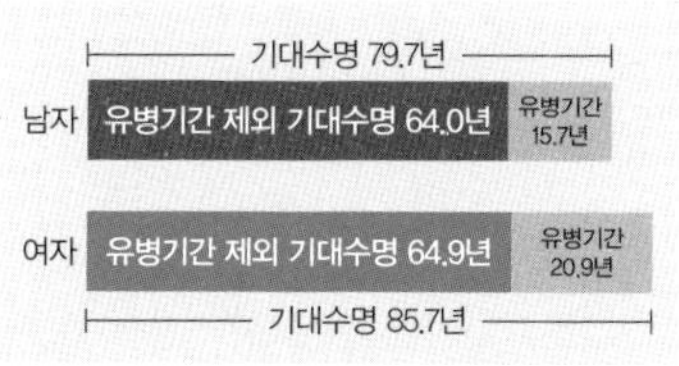

〈주관적 건강평가 기대수명, 2018년〉

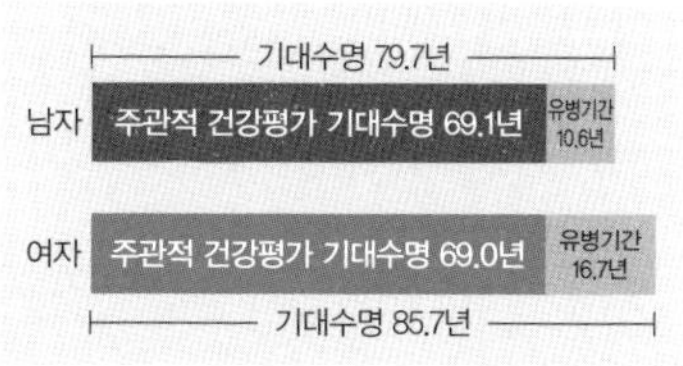

- 유병기간을 제외하고 건강한 상태로 보내는 기간은 남자는 64.0년(기대수명 중 80.3%), 여자는 64.9년(기대수명 중 75.6%)이다.

출처: 통계청, 〈2018년 생명표〉, 2019. 12. 4.

비만은 만병의 근원

비만은 잘못된 식생활, 스트레스, 수면 문제 등으로 체내에 지방 조직이 과다한 상태를 말한다. 그리고 만병의 근원이라고도 한다. 그 이유는 무엇일까? 바로 대사증후군을 유발하기 때문이다. 대사증후군이란 다섯 가지 위험 요소(고혈압, 고혈당, 고지혈증, 복부비만, 저HDL콜레스테롤혈증) 중에서 세 가지 이상의 질환이 동시에 나타나는 무서운 질병이다. 2019년 보건복지부 통계에 의하면 30대 남녀 가운데 대사증후군 환자가 28.8%라고 한다. 이는 3~4명 중에 1명이고, 이들은 앞으로 50년 동안 병을 안고 살아야 한다는 뜻이다. 건강은 나이 든 사람들만의 문제가 아니다. 이미 젊은 사람들에게도 건강의 적신호가 켜졌다. 비만을 가진 사람도 오래 살 수 있다. 하지만 비만을 가진 사람이 건강하게 오래 살 수는 없다. 그러므로 건강을 챙겨야 한다. 건강한 삶을 위해서는 만병의 근원인 비만을 치료해야 하며, 비만 탈출은 건강의 필수 조건이다. 그래서 다이어트는 선택이 아니라 필수가 되었다. 만병의 근원이 비만이기 때문에 나는 건강을 위해 다이어트를 했고 지금도 하고 있다.

다시 올 리즈 시절을 꿈꾸다

나는 두 아이의 엄마이며, 가정주부이며, 워킹맘이다. 또한 산전·산후 우울증, 메니에르병, 72kg까지 쪘던 비만 이력을 가진 대한민국의 보통 아줌마이다. 인생에 있어 누구나 리즈 시절은 있다. 지금 체력이 떨어지고 정신력이 바닥나고 몸도 예전 같지 않다고 느끼며 자신감을 상실한 사람들에게 말하고 싶다. "다시 올 리즈 시절을 꿈꾸세요! 화려한 꽃처럼, 아름답고 젊고 반짝반짝 빛나는 20대 시절만이 리즈 시절이 아니에요! 지금 이 순간, 바로 이 순간이 당신의 리즈 시절이에요!" 나 역시 그랬다.

앞서 이야기했지만, 평범하게 살기 위해 노력했다. 그렇게 쉬운 과정은 아니었지만, 그것을 뛰어넘으니 그 어떤 것도 할 수 있을 것 같은 용기가 생겼다. 나의 이런 자신감이 현재를 나의 리즈 시절로 만들었다. 또한 나는 현재 새로운 터닝 포인트를 마련하고자 새로운 도전을 준비하고 있다. 새로운 도전을 시작한다는 것 자체가 절반의 성공이라고 믿고 있기 때문이다. 나는 건강 때문에 괴롭고 힘든 시기를 보내고 있는 많은 분에게 꼭 말하고 싶다.

"저처럼 병으로 비만이 된 분들! 비만으로 병이 생긴 분들! 다이어트, 결코 어렵지 않아요! 진짜 평범하고, 잘하는 것 하나 없는 평범 이하의 저조차도 노력하니 성공이 왔어요. 우리가 돈, 지식, 배경은 없어도 성실, 노력, 최선 그리고 깡이라는 무기가 있잖아요? 많은 분께서 저처럼 귀중한 경험을 하시고 좋은 결과를 얻었으면 합니다. 여러분, 저를 보며 용기를 내세요!"

4장

인생살이의 99%는 사람 + 관계

인생은 사람과의 끝없는 전쟁이다

사는 데에도 원칙이 필요하다고?

인생은 사람과의 끝없는 전쟁이다. 인생을 살아가면서 겪게 되는 많은 일들은 사람들과 관계를 맺는 과정에서 발생한다. 인생에서 인간관계와 돈 이야기를 빼놓을 수 있을까? 사람과 돈이 결부되어 생기는 많은 일들은 우리가 예측하지 못하는 변수 속에서 인간관계를 좋은 쪽보다는 안 좋은 쪽으로 방점(클라이맥스)을 찍게 할 때가 종종 있다. 내 얘기다. 나는 부족한 점이 많은 사람이다. 나는 다른 사람들에게 이렇게 말한다. "저는 2% 부족한 사람이 아니라, 20% 부족한 사람이에요." 그리고 나는 실제로 '헛똑똑이'라는 별명이 있기도 하다. 사람들이 나를 보면 참 의외라고 한다. 보기엔 야무지고 차가운 깍쟁이 같은데 실제 만

나서 이야기하면, 맘도 여리고 나쁜 말을 잘 못하고, 자기 것도 잘 챙기지 못한다고 한다.

그래서 '헛똑똑이'라는 별명을 갖게 되었다. 나는 20대, 30대를 지나 40대에 이르는 지금까지도 많은 실수를 하고 있고, 사람들과의 관계에 대해서도 많은 아쉬움을 느낀다. 지금은 웃으며 말하지만, 내가 살아오면서 배운 인생 공부는 많은 부분이 내 바보짓에서 비롯됐다. 나는 나의 '헛똑똑이 짓'을 보면서 인생을 좀 더 객관적으로 바라볼 필요성을 느끼고 나의 원칙을 세웠다. 내가 정한, '사람과 관계 맺을 때 명심하는 세 가지 원칙'은 이런 나의 실수로 인해 생긴 것들이다. 물론 이런 원칙들은 변하지 않는 철칙이어야 하는데, 살다 보면 마음이 약해질 때가 많다. 그래서 오늘도 결심해본다. 이 세 가지 원칙만은 꼭 지키도록 노력하자고 말이다.

첫 번째 원칙, 고객과 밥을 먹지 않는다

내가 고객과 밥을 먹지 않는 이유는 고객과 한번 친해지게 되면, 서로가 지켜야 하는 선을 넘기 때문이다. 인간관계에서의 선이란 예의나 신의 등을 말하며, 그 선은 무너지면 안 된다. 인간관계의 선이 무너지기 시작하면 관계에 변질을 가져올 수 있으며, 그로 인해 좋지 않은 방향으로 흐를 가능성이 크다.

2007년도의 일이다. 이때 나는 두 돌이 안 된 첫째 아이를 양육하고 둘째 아이의 출산을 기다리는 임산부였다. 그리고 이름 모를 어지러움 병(나중에 진단받은 메니에르병)으로 무척 힘든 시기를 보내던 시기이기도 했다. 이 시기에 좋은 관계라고 믿었던 단골 고객에게 입금을 받기 전에 항공권을 먼저 드린 적이 있었다. 급한 출장으로 출국 당일에 항공권을 예약, 발권한 고객은 티켓을 받으러 사무실에 왔다. 문제는 나보다 먼저 도착한 거였다. 잠시 기다려달라는 내 부탁에도 고객은 급하다며, 바로 입금할 테니 자신을 믿고 항공권부터 달라고 했다. 사실 당일 출발이라 시간도 많지 않았다. 순간 많이 망설였지만, 사무실을 나가면 바로 입금을 하겠다는 고객의 말을 믿었다. 머릿속이 복잡했지만, '설마 별일 있겠어?' 했다. '그동안 거래한 게 몇 년째인데? 그럴 분은 아닐 거야.' 정확하지는 않지만, 대략 5~6년 정도 거래했던 거 같다. "사장님, 제가 사장님 믿어도 되죠? 제가 다음 주에 둘째 출산이에요." "그럼요." 이 말에 나는 티켓을 먼저 가져가라고 말씀드렸다. 아니나 다를까? 이 고객이 나의 뒤통수를 쳤다.

실수하지 않겠다며 믿으라는 그 고객은 그대로 출국해버렸다. 물론 항공료도 주지 않은 채 말이다. 동업자도 있었지만 그도 나를 보른 척했다. 티켓을 주기 전에는 믿으라고 하더니 티켓을 주고 나니 책임지겠다는 사람들이 다 사라졌다. 설마 했는데 일이 터지려고 하니, 돈을 안 주려고 작정하니 받을 길이 없었다. 너무나 괘씸했다.

우리 인간에겐 측은지심이라는 게 있다. 출산을 며칠 앞둔 여자에게, 어린 첫째 아이와 뱃속의 둘째 아이로 인해 걷는 것조차 힘들다는 사람에게, 믿어도 되냐고 묻는 사람에게 어떻게 이럴 수가 있을까? 길가를 걸어가는, 모르는, 도움이 필요한 임산부조차도 도와줄 판이다. 그런데 5~6년 동안 신용을 지키며 거래했다고 믿은 나에게 돈을 떼어먹다니 너무 괘씸해서 그 고객의 집으로 쫓아갔다.

그 고객은 하던 사업이 힘들어져 반지하에 살고 있었다. 당사자는 도망갔는지 부인과 아이들만 있었다. 나는 문밖에서 문을 두드렸다. 그러고는 고객 이름을 대며 만나고자 했다. 그 집에 발끝 하나도 들여놓지 않은 상태였다. 그랬는데 부인 되는 분이 무단 침입으로 고소한다고 경찰을 불렀다. 침입도 안 했는데 침입하려고 한다며 경찰을 부른 것이다. 자식을 보호해야 하는 엄마로서 자녀와의 보금자리가 위태롭다고 느껴져서였을까? 돌이켜 생각해보니 그 부인의 입장이 충분히 이해된다. 마지막 궁지에 몰린 상황이었을 것이다. 나는 문고리 한 번 잡았을 뿐인데 그 부인은 나를 밀치고 소리 지르고 난리를 피웠다. 지켜보던 경찰관도 부인을 말리면서 "이분 아무것도 안 했어요"라고 오히려 막아주셨다. 그 부인은 이성을 상실한 듯 행동했다.

너무 난감하여 그냥 땅만 보고 있었다. 얼마나 시간이 흘렀는지 모르겠다. 문밖에서 두 여자가 그냥 그렇게 말도 없이 서 있었다. 그러다가 그 부인이 울기 시작했다. 본인도 힘들다고, 빚쟁이가 하루에도 몇 명이나 찾아오는지 모르겠다며, 앞으로도 이렇게 계속 빚쟁이가 찾아오면 어떻게 살아야 하냐며 엉엉 울기 시작했다. 순간, 방에 있는 아이들이 생각났다.

그 고객이 너무나 괘씸했지만 엄마의 흐느끼는 울음소리를 듣고 공포에 떨고 있을 아이들을 생각하니 한숨이 저절로 나왔다. 그 부인도, 아이들도 모두 애처로웠다. '잘못을 저지른 당사자는 도대체 어디 간 거야? 애꿎은 부인이랑 아이들은 왜 저러고 있는 거야?' 화가 났다. 내가 오히려 소리 내어 울고 싶었다. 단돈 300만 원 받을 길이 없다고 느껴져서가 아니라, 뭔가 답답했다. 빨리 이 자리를 도망치고 싶은 마음뿐이었다. 너무 괘씸하다고 쫓아온 내 꼴도 우스웠다. 대체 이게 무슨 꼴인가 말이다.

한참 추이를 지켜보던 경찰관들은 두 사람이 잘 합의하라고 하고는 자리를 떴다. 더욱 난감해졌다. 지갑을 열어보니 10여만 원이 있었다. 그 돈을 꺼내 부인 손에 쥐여주고 도망치듯 그 집을 빠져나왔다. 그날 밤 한숨도 잠을 이루지 못했다.

그 사건 이후 사람에 대해 다시 생각해보았다. 나와의 관계가 틀어진 고객을 보니, 나뿐만 아니라 다른 지인과의 관계까지도 틀어져 있었다. 인간관계는 좋으면 좋은 데로만 가야 하고, 그렇지 못할 경우는 명확한 선이 필요하다. 그렇지 않으면 역효과가 난다. 그러다가 오히려 더 원수가 될 수 있는 것이다. 어느 정도 냉정한 것이 비즈니스에는 맞다. 현재의 냉정이 상대에겐 섭섭할 수 있지만, 그래야 길게 갈 수 있다. 이 일은 고객과는 선을 넘지 않는 사이가 되어야 한다는 나의 원칙을 더욱더 공고히 다지는 계기가 되었다. 나도 다양한 고객들이 있어 많은 사람을 만나봤지만 사람을 좋은 사람과 나쁜 사람으로 구별하기란 정말 힘든 일이다. 다만 처음에 욕을 먹더라도 원칙을 지켜야지만 나쁜 관계로 빠지지 않을 거라는 인생의 진리를 배웠다. 아마 그 고객도 궁지에 몰리다 보니 나한테 그렇게 행동했을 것이다. 사람이 나쁜 게 아니라 그 사람이 처한 상황이 그 사람을 나쁘게 만든 것이다. 그리고 돈이 관계를 더욱 나쁘게 만드는 원인을 제공한다는 것도 몸소 경험하게 되었다. 인간관계에서의 원칙이 필요함을 느꼈고, 이때 나는 나만의 원칙을 정하기로 결심했다.

두 번째 원칙, 친구와 일로 엮이지 않는다

내가 친구와 일로 엮이지 않으려는 이유는 친구와의 인연을 끊기 싫어서다. 그래서 친구와는 여행사 거래를 하지 않는다.

친구와의 거래는 좋게 끝나지 않을 공산이 크다. 친구들은 너무 많은 걸 바란다. 나도 나름 성의껏 한다고 했는데 그걸 고마워하지 않고 '이것밖에 안 되냐며'고 실망하거나 '네가 남는 게 있으니 일하지, 네가 나 때문에 돈 버는구나' 하고 오해를 하는 것이었다. 그래서 친구들이랑 아예 일로 엮이지 않기로 마음먹었다. 더불어 피치 못할 상황에서 친구랑 거래할 때는 마지노선을 잡았다. 내가 그 친구로 인한 수입을 아예 안 잡을 때만, 친구를 도와주는 차원에서만 일하기로 마음먹었다.

고객이 친구나 지인일 경우 일반 고객보다 정신적 스트레스는 몇 배로 다가온다는 걸 알까? 물론 전화비와 시간 소모는 아예 계산에 넣지도 않는다. 서로의 오해 속에서 일하는 것은 에너지만 소모할 뿐이다. 건전하지도 않고 발전적이지도 못하다. 나는 그게 싫었다. 얼마 안 되는 돈에 매달리고 집착하는 모습을 보는 게 싫었다. 친구들은 모른다. 근데 진짜로 모르는 것일까? 아니면 친하다는 이유로 관계의 선을 넘기 때문이 아닐까?

나는 어설프게 일하지 않는다. 수입을 확실하게 잡든 아예 안 잡든 둘 중의 하나다. 그리고 어떤 일이든 일을 맡겼다면 그 상대를 믿어야 한다. 믿지 못하고 의심하게 될 거 같으면 아예 처음부터 일을 맡기지 말아야 한다. 모든 거래는 신뢰를 바탕으로 해야 한다. 더구나 무형의 상품을 판매하는 여행업은 특히 그러하다. 친구든 직원이든 상대를 믿지 못하는 거래는 양자 모두에게 불만만 초래한다. 그리고 업무는 모르는 남에게 맡기는 게 훨씬 편하고 합리적이다. 친구는 친구로서만, 지인은 지인으로서만 관계를 유지하고 발전시키는 게 가장 현명하다.

세 번째 원칙, 돈거래를 하지 않는다

내가 동료나 지인과 돈거래를 하지 않는 이유는 인간적인 관계로 남고 싶은 바람 때문이다. "동료나 지인과는 돈거래를 하지 않는다." 이 말은 진리다. 하지만 현실에선 잘 지켜지지 않는다.

돈거래는 관계가 멀어지게 되는 치명적인 문제의 일등공신이다. 여행사 업무에서는 고객에게 종종 현금을 받는 일이 생긴다. 그때 그 돈이 내 돈인지, 고객 돈인지, 회사 돈인지 착각하는 사람들을 많이 봤다. 그리고 해외 출장이 많은 직업이라 공항에서 면세용품을 산다든지 아니면 개인 사정이 어렵다든지 하는 여러 가지 이유로 돈이 필요한 사람들을 많이 봤다. 나도 그렇게 돈 개념이 없어질까 봐 뭔가 불안한 마음을 떨쳐버릴 수 없었다. 그래서 나는 살면서 돈 개념만은 확실히 챙기고 살자고 마음먹었다. 돈 개념이 훌륭한 사람은 인간관계도 나쁘지 않을 거라는 확신이 들었다.

이전에 같이 근무하던 실장님이 돈을 급하게 빌려간 적이 있었다. 그러나 돈거래의 결과는 참담했다. 같은 사무실에서 매일 얼굴 맞대는 사람이 이런 거짓말을 나한테 할 것이라고는 상상조차 못했다. 바로 다음 날 준다는 돈을 6개월 만에 받았다. 6개월 동안 소설책 한 권만큼이나 되는 깜찍한 거짓말을 들었다. 속으로는 거짓말임을 알면서도 들었다. 아직은 인간관계를 깨고 싶지 않아서였다. 그사이 맘고생한 것을 생각하면 한숨이 절로 나온다. 그런데, 나는 바보다. 진짜 바보다.

그런 일이 있고 나서 그건 정말 실수였다며 사과를 받은 후 다시 관계를 예전으로 돌렸다. 그 이후 그 실장님이 공항에서 울면서 나에게 전화를 했다. 본인의 실수로 고객이 출국하지 못했다고, 내일이면 외국에 있는 동생이 송금한 돈을 찾을 수 있다며 현지 송금증을 보여주었다. 사정이 너무 급하고 딱해서 다시 한 번 믿고 돈을 빌려주었다. 그런데 그것 또한 다 거짓말이었다. 현지 송금증도 위조한 서류였다. 그 돈도 6개월 만에 받았다. 800만 원씩 두 번이니 1,600만 원이었다. 이 돈들을 다 받고 나니 1년이란 시간이 지나 있었다. 1년 동안 내게 했던 그 많은 거짓말들을 보면서 '인생이 소설보다 더 소설 같을 수가 있구나' 하고 생각했다. 거짓말도 잘 못하고 남들의 거짓말도 잘 간파하지 못하고 사람들의 말을 곧이곧대로 믿는 바보 같은 사람이 바로 나다. 내 결론은 '애당초 처음부터 돈 개념이 없는 사람은 나중에라도 돈 개념이 생기지 않는다'라는 것이다. 그러면 돈 개념이 바로 서 있는 사람들하고만 돈거래를 하여야 하나? 아니다. 동료나 지인과는 애당초 돈거래를 하면 안 된다. 정 급할 때는 가족에게 얘기하라고 해야 하며 가족에게도 신용이 끊긴 사람이라면, 그건 다른 할 말이 없다. 나는 돈에 대한 바른 개념을 가진 사람은 인간관계에 대한 바른 개념도 가지고 있을 거라고 확신한다. 그리고 동시에 나 또한 돈에 대한, 인간관계에 대한 바른 개념을 가지려고 계속 노력하며 살기를 다짐한다.

인간관계의 보호막

인생을 살면서 '어떻게 이럴 수가 있어?' 하는 생각이 들 때가 있다. 그런데 인생이란 그런 일들이 빈번하게 일어나기 마련이다. 내가 인생을 살아가며 세운 원칙들을 다시 생각해보니 모두 돈에 연결되어 있었다. 순간 나도 놀랐다. '내가 이렇게 돈에 치중한 인간이었나? 인생에서 이렇게까지 돈을 중요하게 여기는 인간이었나?' 하지만 실제로 우리 인생의 90%는 돈과 연결되어 있다는 사실을 부인하지는 못하겠다. 내가 세 가지 원칙을 지키고자 하는 이유는 인간관계를 중요시하기에 그 원칙이 인간관계를 지켜주는 보호막이 되어줄 거라 믿기 때문이다.

"어떻게 이럴 수 있어?" 이런 말도 하지 말자. 남을 탓하지 말자. 거의 모든 상황은 내가 동의해서 생긴, 나로 인한 상황이다. 인간관계의 주체는 '나'다. 나로 인한 상황에서 일어난 '나의 일'이다. 그러니 나의 행동을 바로 하고, 바르게 한 그 행동대로 사람을 만난다면 반드시 좋은 사람을 만나 좋은 관계를 유지할 수 있을 것이다. 여기서 좋은 사람이란 나랑 잘 맞고 나랑 잘 교감할 수 있는, 나의 인생을 같이 나눌 수 있는 사람이다.

나와 다른 사람과 일하라

'직원'에서 '직원을 다루는 사람'으로

한때 직원으로 살아가던 나는 이제 직원들을 관리해야 하는 사람이 되었다. 이전까지는 내 일만 열심히 하면 되었으나 이제는 관계가 더욱 중요해진 자리에 서게 된 것이다.

무엇보다 일하는 과정에서 나와의 조합 여부가 일을 성공적으로 완수하기 위한 결정적인 요소로 작용하게 되었다. 직원을 선택하는 과정이 신중해졌다. 그래서일까? 그 사람이 잘나고 못나고를 떠나 나와의 합이 맞는지, 우리 회사의 성격과 잘 맞는지를 살피게 되곤 한다. 맞추어나갈 수 있는 사람인지, 공감하며 교류할 수 있는 사람인지를 우선적으로 고려하게 되었다.

나를 보완해주는 요소는 '허당끼'

나는 같이 일할 사람을 뽑을 때, 가능한 한 나와 정반대의 성격을 가진 사람을 뽑는다. 나는 성격이 조금 까탈스럽고 깐깐한 사람이기도 하다. 업무에 올인하다 보니, 나의 깊은 내면에 숨겨져 있던 완벽주의와 강박증이 나를 무척이나 날카로운 사람으로 만들었다. 사소한 실수가 큰 손해배상으로도 연결될 수 있는 일의 특성이 나의 성격까지 바꾼 것이다. 나를 잘 알지 못하는 사람들은 그냥 겉으로 드러나는 날카로운 모습의 나를 집중하며 곁을 안 준다고 생각하는데, 개인적으로 그런 이야기를 들을 때마다 많이 안타까웠다. 사실 나는 강한 외모와 달리, 마음속은 꽤나 여리고 약한 사람이기도 한데 말이다.

어쨌든 나는 업무할 때의 이런 성격과 정반대인, 허당 기질이 있고 잘 웃는 성격의 직원을 선호한다. 나의 이러한 성향을 두고 "너랑 그렇게 다른 성격의 사람을 뽑으면 힘들지 않아?"라고 묻는 경우도 있는데, 나는 전혀 그렇지 않다. 나와 다른 성격을 가져야 내가 필요로 하는 부분을 직원이 채워줄 수 있기 때문이다. 일이란 건 잘할 때도, 실수할 때도 있기 마련이다. 혹시 그런 사람이 열 가지 일을 하다가 한두 개 실수해서 손해를 입힌다 하더라도 한두 개 실수를 할 수 있는 그 부분이 바로 내가 필요로 하는 부분이다. 그래서 그 직원을 뽑은 것이다. 실수 없는 사람이 어디 있겠는가. 실수란 만회하기 위해, 만회 가능하기에 만들어진 단어다.

상상해보자. 사무실에 까칠한 직원들만 모여 근무하는 모습을 말이다. 그런 사무실에 성격 좋은 직원이 들어와서 농담 하나로 사무실 전체 분위기를 편하게 만드는 마법을 부릴 수도 있고, 상사인 내가 막 심하게 나무라더라도 어느 정도는 한 귀로 흘려버리면서 다음 날 웃으며 출근해서 "좋은 아침입니다" 하고 인사하는 직원을 뽑고 싶은 것이다. 고객 응대 시, 업무할 때, 완벽한 내 성격이 좋은 성격이라고 자부해왔는데 그건 내 오산이었다. 사무실이 썰렁해지고 삭막해질 뿐이었다. 그러다 보니 직원들도 회사에 깊은 정을 쌓을 수 없게 된다는 느낌이 들었다. 회사를 다닐 땐 회사에 대한 애정도 중요하지만 동료애가 더 중요하다고 생각한다. 나 역시 그랬으니까.

그리고 실수 없이 일을 처리하는 것도 중요하지만, 긴장을 풀고 릴랙스하면서 일하는 것은 모두에게 중요하다. 위로란 윗사람이 아랫사람에게만 하는 것이 아니라 쌍방이 서로가 서로에게 해줄 수 있는 것이다. 실제로 맘씨 좋은 직원에게 받은 위로는 심신이 불편했던 나에게 많은 위로가 되었다. 사람은 누구와 일을 하느냐에 따라 그 결과의 성패가 달라진다는 사실을 다시금 느꼈다. 또 사람은 마음이 있으면 뭐든 할 수 있다는 말도 다시금 알게 되었다.

책상 지저분한 직원이 이렇게 도움이 될 줄이야

'나와 다른 사람'과 일한 덕분에 의외의 성과를 올린 일은 또 있다. 앞의 여러 이유로 나는 나와 일하는 방식도 다르고 다른 능력을 가진 사람이 필요했다.

당시 우리 사무실에는 인터넷 사업 활성화를 위해서 반짝이는 아이디어를 가진 사람이 필요했는데, 이는 기존의 업무와는 다른, 내가 잘 알지 못하고 경험해보지 못한 업무를 수행하기 위해서였다. 나와 비슷한 사람은 서로 장점이 겹치니까 발전이 더디다. 하지만 나와 다른 사람, 곧 나와 다른 능력의 소유자와 협업하면 일의 에너지는 배가 될 것이라고 생각했다.

솔직히 나는 경리과적인 사람인지라 정리를 하거나 틀에 박혀 있는 일에 능숙한 편이다. 한마디로 창조적인 사람이 아니라는 말이다. 바로 이 부분을 충족시켜줄 창조적인 사람이 필요했다. 사고가 자유분방하고 확장된 사람, 주로 주위가 산만하게 어질러져 있어도 발상만큼은 새로운 사람이 필요했다. 현실에선 매일 새로운 정보와 지식이 업데이트되는 인재들이 더없이 절실하게 요구된다.

그런데 그런 직원들은 개성도 강했다. 책상 위가 너저분한 것은 기본이고, 내 눈에는 모든 물건이 제자리가 아닌 곳에 박혀 있는 듯했다. 나는 출근하자마자 직원 책상을 닦고, 설거지를 싫어하는 직원들을 위해 종이컵을 사용했다. 일차적으로 직원들과의 마찰을 줄이고 갈등을 예방하고자 했다. 사람의 기분을 맞추고 어느 정도 눈치를 보는 건 윗사람, 아랫사람 모두에게 필요한 덕목이라고 생각했다. 더불어 화합과 조화, 소통을 중요하게 여겼다. 직원들을 배려하면 그 배려는 사업의 활성화로 이어질 것이라고 굳게 믿었다.

직원들에게 이야기하곤 했다. 우리는 서로가 서로에게 도움이 될 수 있는 존재가 되어야 한다고 말이다. 직원은 나로부터 여행업의 실질적인 업무를 배우고, 나는 직원으로부터 인터넷이나 새로운 지식을 배우는 것이다. 그리고 우리는 수평적 관계라고 강조했다. '수평적 관계'란 누구도 위에서 아래로 내려다보지 않고 누구도 아래에서 위를 올려다보지 않는 관계다. 즉 누군가가 지시하고 누군가는 복종하는 구조가 아닌 서로 동등한 관계를 말한다. 특히 나는 '서로'에 대한 개념을 중요시했다.

'서로'의 개념이 잘 확립되면 서로 장점을 공유할 수도 있고, 서로 배움이 가능한 관계도 될 수 있다. 사업에서는 특히 중요한 '상생 관계'가 되는 것이다. 책상은 지저분했지만 번쩍이는 아이디어가 좋았던 그 직원은 개성도 강해 자기 할 말도 참지 않았다. 급하고 욱하는 성격도 있었지만 그래도 나는 그 직원이 좋았다. 그런데 인간관계란 열 번 좋다가도 한 번 안 좋으면 안 좋은 것으로 끝날 수 있는 것 같다. 그 직원과는 사소한 언쟁으로 1년 정도의 짧은 인연이 됐다. 그래도 그 직원과 합을 맞추었던 1년의 기간은 좋았던 성과와 추억으로 남아 있다.

회사의 시스템을 움직이는 건 사람이었다

회사 다닐 때나 개인 사업을 할 때나 나한테는 서로를 지탱해 준 동료들이 있었고 나만큼이나 회사일을 소중히 여기며 열심히 일해준 직원들이 있었다. 그런 그들이 있었기에 나의 성실함이 빛을 발할 수 있었다고 생각한다.

내가 회사의 직원에서 개인 회사를 차릴 때도 회사라는 비빌 언덕이 없어지는 아쉬움보다 동고동락했던 동료들과의 헤어짐이 아쉬웠고, 회사 부서를 줄일 때도 열심히 일해준 직원들과의 이별에 눈물 흘렸다. 내 회사는 작은 규모지만 직원들의 입사, 퇴사를 걱정하지 않는 사무실 운영 시스템이 있다고 말했는데, 그 시스템이라는 건 결국 사람이 중심이다. 사람들이 유기적으로 일할 수 있게 만들어야 하는 것이다. 사람 없는 시스템이란 존재하지 않는다. 시스템을 움직이는 게 사람이기 때문이다. 모든 것의 중심엔 사람이 있다.

우리는 인생을 '살아간다'고 얘기한다. 이 말은 곧 사람들을 만나고 관계를 맺고 그로 인해 여러 가지 다양한 삶의 이야기를 펼치는 과정이 곧 인생이라는 의미가 아닐까? 나 혼자만의 인생이, 나누지 못하는 삶이 과연 재미있을까?

인생이란 나의 이야기든 다른 사람의 이야기든 같이 이야기

나누고 마음으로 공감하는 것이다. 때론 같이 기뻐하고 노여워하며 슬퍼하고 즐거워하는 희로애락을 나누는 과정이라 생각한다. 이를 통해 자신을 뒤돌아보고, 남을 위한 배려를 배우며, 내가 성숙해지는 것, 이것이 진정 '우리가 인생을 살아간다'는 의미일 것이다.

우리의 인생은 사람들과의 관계 맺기로서 시작해 사람들과의 관계 맺기로 마무리하는 과정이라는 생각이 든다. 사람과의 끝없는 전쟁, 그러나 즐거움을 더 많이 추구하는 것이 인생이라고 나는 확신한다.

공간보다, 장소보다 사람!

모든 것은 인간관계에서 시작된다

멋진 외형, 멋진 건물, 멋진 사무실 다 좋다. 하지만 보이는 것을 중시하고 믿으며 보이는 대로 거래하면 되는 것인가? 모든 것은 사람이 하는 일이다. 사람을 믿을 수 있어야 비즈니스가 가능하다. 영업을 하든 마케팅을 하든 다이어트를 하든, 일도 가정도 모두 사람간의 관계이며 사람의 문제다. 모든 것은 관계로 연결되어 있는 것이다. 그래서 나는 먼저 사람을 보려 한다. 가능한 상대방의 깊은 속내를 읽으려고 노력하는 편이지만 아직도 너무 많이 부족한 나를 느낀다.

공간에는 사람이 있었다

2019년 11월 사무실이 이사를 했다. 바로 옆 건물로의 이동이긴 했지만 오랜 기간 정들었던 공간을 두고 떠나려니 아쉬움이 많았다. 동료들과 합의하에 이사에 동의했지만 개인적으로 이사에 찬성하지는 않았다. 새로운 공간에서 적응하는 일이 귀찮기도 했고 낯선 공간 자체가 싫기도 했다. 하지만 사무실은 공동체다. 다수의 의견을 존중하기로 했다.

'새로운 사무실에서 다시 한번 심기일전할 수 있는 기회를 가져야겠다'는 마음으로 사무실 정리를 시작했다. 서랍 속, 책장 속에 쌓여 있던 엄청난 양의 서류들을 정리하고 다시 배치하면서, 지난 시간을 되돌아보며 많은 생각을 하게 되었다. 사무실에 있던 거의 모든 추억이 동료들과 고객들과의 일이었다.

가족들보다 동료들과 더 많이 보고, 더 많이 이야기했다. 그로 인해 나에 대해 가장 많이 알고 있는 이들이었다. 옛 공간의 익숙함 속에서 늘 같게만 여겨졌던 그들이, 새롭고 낯선 공간 속에서 특별한 존재로 다가왔다. 그러면서 문득 이런 생각이 들었다. '내가 여기에 혼자였다면 어땠을까? 이 낯선 공간에 나 혼자 덩그러니 있었으면 어땠을까?'

그런 생각을 하면서 주변 동료들을 바라보니, 그들이 얼마나 소중하고 고마운 존재인지 새삼 느낄 수 있었다. 너무나 당연해서 잊고 살았던 그들의 가치를 말이다. 그러고 보면, 새로운 공간이란 낯섦을 견디고 새롭게 적응해야 한다는 부담을 주기도 하지만 이런 특별한 감정을 느끼게끔 해주기도 한다. 이 새롭고 낯선 공간의 적응을 같이할 수 있는 존재가 있다는 사실에 그들에게 한없이 고마워졌다. '동료'라는 존재는 익숙하지만 너무 익숙하기 때문에 오히려 소중함을 잊게 되기도 한다. 그만큼 오해가 쌓일 수도 마찰을 겪을 수도 있다. 웃는 일도 많다지만 갈등의 요인도 도사리고 있다. 공적인 업무가 섞일 수 있어 냉정이 필요한 관계이기도 하다. 가깝다고 익숙하다고 동료 관계의 선을 넘는 것을 특히 경계해야 한다. 인간관계란 쌍방이 서로 노력하여 잘 가꾸어 나가야 좋은 관계를 계속 유지시킬 수 있다.

사람을 먼저 보자

여행사에 취직해서 일할 때 내 영업 터전은 공항 앞의 T항공 강서 지점이었다. 그 이후 2001년 본사의 부서장으로 발령이 났을 때, 공항을 거점으로 한 나의 고객들을 어떻게 하면 계속 유지시킬 수 있을까 고민이 많았다. 나는 나름 나의 충성 고객이 있다고 자부했었고 그에 대한 믿음이 있었다. 나의 고객 명부를 펴고 고객들을 체크해 내려갔다. best, high, middle 이런 식으로 구분한 뒤 문자도 보내고 전화도 하고 팩스도 보냈다. '그동안 그렇게 좋게 거래했는데, 별일 있겠어? 내가 좀 더 고객 편의를 봐드리면 되지' 하고 단순히 생각했다.

하지만 모든 건 나의 착각이었다. 내가 구분한 best, high, middle 명단이 아주 짬뽕이 되어버렸다. 내가 사람 자체에 대해 잘 알지 못했던 것이다. best로 뽑았던 매너 좋고 친절했던 거래처들의 반이 내가 본사로 가게 되면 강서 지점의 다른 담당자한테 연결시켜 달라고 부탁을 했다. 머리가 띵했다. '아! 나의 오판이었구나! 나만의 짝사랑이었구나! 그냥 편하게 거래하고 싶어 강서 지점의 나를 원했던 거지, 나 자체에 신뢰를 두고 나하고만 거래를 원했던 것은 아니었구나!'

당시에는 거기까지 생각이 못 미쳐서 나는 고객들과 통화하는 와중에 많이 당황했었다. 다음 고객들과의 통화 전에는 나도 모르게 마음의 각오가 필요해졌다. 반면에 너무 무뚝뚝하고 감정 표현이 없어서, 나를 탐탁지 않게 여기리라 믿었던 고객들이 의외로 나의 본사의 이동에 대해 군말 없이 걱정하지 말라고 위로하며 힘을 주었다. 이 또한 의외였다.

'야! 박정빈, 도대체 고객들을 어떻게 봤던 거야? 기분 내키는 대로 판단하고 혼자 상상한 거야? 어떤 기준으로 고객들을 봤길래 왜 이리 판단 미스(miss)야? 왜 그렇게 사람 보는 눈이 없어!' 그렇다. 나는 사람 보는 눈이 너무 없었다. 그동안 그냥 일만 열심히 했나 보다. 인간관계란 형식적인 말보다 마음을 주고받아야 진실한 관계가 된다는 걸 느꼈다. 그래서 사람을 보고자 노력하기로 했다. 사람의 마음을 읽고자 더욱 노력하기로 했다. 굳이 고객이 아니더라도 인간관계에서 나의 말을 줄이고, 상대의 말을 경청해야 하며, 상대의 의향을 정확히 파악해야 한다. 간단한 겉치레 인사인지 진심이 담긴 인사인지도 마음으로 느껴야 한다. 그러기 위해서는 나 먼저 진심으로 사람을 대해야겠다는 생각을 했고 그것을 행동으로 옮기기로 다짐하였다.

저 알바인데요?

요즘은 대부분의 사업장에서 주 5일제를 시행하고 있다. 하지만 예전에는 주 6일제, 토요일 격일제가 있었다. 2000년대 초반, 토요일 격일제에 대한 재미있는 일이 있었다.

금요일 저녁에 친구들 여럿이랑 만나서 저녁 먹고 1차, 2차를 하며 술도 거하게 먹은 날이었다. 술은 먹을 때는 좋지만, 다음 날이 문젠데, 토요일 격일제라 업무도 반으로 줄고 부담이 좀 적었다. 고객 한 분이 사무실에 오실 예정이었는데, 이분에게 서류만 전달하면 일과는 끝이었다. 토요일이 되어 출근했고, 얼른 퇴근하고 집에 가서 쉬고 싶다는 마음뿐이었다. 나는 이미 몸과 마음이 만신창이였다. 사실 고객과의 만남이 부담스러웠던 진짜 이유는 망가진 나의 모습을 보이기가 민망해서였다. 마침내 고객이 왔다. "박 과장님이세요?" 고객의 물음에 내 입에서는 다른 답이 튀어나왔다. "아니요, 저 알바인데요." 고객은 눈만 깜박깜박했다.

'고객은 나를 모르리라. 그전에 한 번도 보지 못했으니까' 하고 나는 단언했었다. 그리고 새로운 한 주가 시작됐다. 아침에 요금 교육을 겸한 부서 회의가 있었다. 그때 그 고객이 등장했다. "박 과장님! 안녕하세요?" "네? 안녕하세요!" 얼굴은 빨개지고 어디 쥐구멍이라도 숨고 싶었지만 큰 덩치를 숨길 데라곤 아무 데도 없었다. 이게 웬일! 날벼락이었다. 바로 일어서서 고객께 인사하며 복도로 나갔다. 그러고 나서 나의 예의 없음에 대해 정식 사과드렸다. 고객은 흔쾌히 웃으며, 지나가는 길에 다시금 들러봤다고 했다. "얼굴은 몰라도 목소리를 들으니 바로 알겠더라고요! 저한테는 그렇게 하셨어도, 다른 고객들에게 그렇게 하시면 안 됩니다"라며 웃으셨다. 나는 "네, 알겠습니다"라고 대답할 뿐이었다.

"일 열심히 해줘서 고맙기도 하고, 얼굴 한번 뵙고 싶어서 왔어요"라고 고객은 말해주었다. 물론 이 모든 건 내 잘못이다. 그런데 그 고객의 미소 띤 따끔한 말 한마디는 스스로 나의 잘못된 행동을 한없이 뉘우치게 만들었다. 이렇게 기분 상하지 않게 배려하며, 잘못을 일깨워주니 반감은커녕 내가 잘못했다는 생각만 들었고 다시는 이런 일을 만들지 말아야겠다는 결심을 하게 됐다. 따뜻하고 현명하게 말하는 법, 말하는 태도 등 배울 게 많은 분이었다. 말도, 말하는 태도도 사람과의 관계도 그분처럼 해야겠다는 마음을 가지게 되었다. 물론 반성도 많이 했다.

여행업은 추억을 공유하는 상품이다

여행사에서 일할 때 나는 온통 영업 실적 욕심뿐이었다. 처음 찾은 나의 재능을 마음껏 펼치고 싶었다. 무작정 열심히 했다. 성의껏 업무를 하다 보니 고객들로부터 정성스럽고 감동스러운 피드백이 왔다. 그러고 나서부터 나는 사람이 보이기 시작했다.

사람이 중요해지니 단순히 결과만을 보지 않게 되고, 고객과 과정을 나누며 일을 하게 되었다. 일할 때 빠른 결과, 높은 수익이 중요하지만 사람이 보이기 시작하니 사람에 집중하게 되었다. 고객의 처지, 고객의 바람이 조금이라도 더 반영될 수 있게 노력했다. 여행 상품은 일반 상품과 다르다. 일반 상품은 물건을 사고 다 쓰면 새로 구입하면 되지만, 여행 상품은 지난 추억을 공유하고 새로운 추억을 만드는 상품이다. 여행을 다녀온 고객들은 여행지에서의 행복했던 순간을 기억하며 잠시나마 그 추억을 같이 공유하길 원한다. 고객과 결과만을 보며 일하지 않고 과정을 보며 일하려고 노력했고, 고객들의 심정도 이해되기에 많은 부분 그들과 유대감을 느끼고 싶기도 했다.

정말로 많은 고객이 여행지에서의 추억을 말하고 같이 공감하기를 바란다. 다들 힘들고 바쁜 시대를 살아가서 그런가? 아님 부모, 자식 간의 관계가 예전 같지가 않아서 그런가? 과하지 않은 자기 자랑, 적당한 가족 자랑을 하며 즐거워하는 모습을 보는 것도 나쁘지 않다. 또 그런 행복한 여행을 가게 해줘서 고맙다는 덕담에 나도 그들의 이야기를 듣는 게 즐겁다.

이런 것이 보통 인간의 보편적인 마음이 아닐까? 여행업은 단순 판매가 아니라 '인간관계에서의 추억 만들기'라는 상품을 판매하는 것이다. 한껏 팽배해진 개인주의와 외로움, 고독 등에 직면한 현대인들에게 '추억 만들기'라는 여행 상품을 판매함으로써 그들의 마음에 위로와 위안을 주게 한다. 여행업이 마음을 나누며 고객과 교류해야 하는 진짜 이유인 것이다. 그리고 이런 것이 진짜 VIP 대접을 받는 게 아닐까 생각한다. 대접받아본 사람은 안다. 사람의 마음을 나누는 것이 어떤 것인지 말이다.

사람이 무기였기에 두려움이 없었다

창업할 때 번듯한 사무실, 화려한 인테리어, 값비싼 가구들로 사무실을 꾸미기도 한다. "처음 창업하는 건데, 할 때 좋게 해야지!"라고 하거나 "남들이 볼 때도 좀 폼나게 보이면 좋지 않나?"라고 한다. 경제적 능력이 된다면 모두 좋다. 모두 맞다.

하지만 나는 그렇게 하지 않았다. 첫 번째 이유는 경제적 능력이 부족했고, 두 번째 이유는 공간보다 사람, 즉 '고객'이라는 무기이자 번듯한 자산이 내게 있음을 믿었기 때문이다. 게다가 내겐 또 다른 무기가 있었다. 세 번째 이유인 '동료'라는 무기가 그것이었다. '고객과 동료'라는 두 개의 강력한 무기를 장착한 나는 두려움 없이 창업이라는 벽을 넘고자 결심했다.

물론 우리 모두는 창업에 대한 경험이 없었다. 나 혼자라면 창업이라는 새로운 도전을 하지 못했을 것이다. 하지만 동료로 뭉치니 새로운 도전에 대한 두려움이 사라졌다. 뭐든 하나하나 해결해 나가면 되는 것이었다. 나 하나로는 약한 존재지만 우리가 되니 강한 존재로 다시 태어날 수 있었다. 우리는 새로운 경험을 하며 벽을 넘을 때마다 힘이 강해졌다. 이건 '경험'이라는 무기가 됐다. '고객'이란 무기에 '동료'라는 무기가 더해지고, '경험'이라는 새로운 무기까지 더해졌다. 그로 인해 이중, 삼중의 기쁨까지 느낄 수 있었다. 우리가 그랬다. 내가 그랬다.

나의 최대 무기는 역시 '고객'이었다. 우리가 잘 아는 대형 여행사가 넘쳐나고 폼나는 여행사가 즐비했지만 전화 하나만은 정말로 열심히 받는 나를 의지하고 믿어준 고객들이 있었다. 좋은 인테리어에 폼나는 사무실이 있어도 고객들이 찾지 않는다면 그 여행사가 무슨 의미가 있으랴? 그래서 나는 힘이 두 배로 났다. 사무실이 무슨 상관인가? 직접 오시지 않아도 되고 내가 직접 갈 필요도 없다. 다 바쁜 사람들이다. 여행 문의를 길게 할 필요도 없다. 고객들의 인적 사항, 성향, 출장지 등이 정리된 나의 보물창고, 고객 리스트가 있지 않은가?

전화해서 "전데요, 며칠부터 며칠까지, 목적지 어디입니다" 하고 통화하면 끝이다. 특수 사항이 아니고선 더 이상의 말도 필요 없다. 고객도 편하고 나도 편하다. 편하다는 건 서로 부담 없다는 것이고, 거래 자체가 고객들의 업무에도 도움을 준다는 것이고, 나의 업무에도 이득을 준다는 것이다. 난 이렇게 일했다. 이렇게 만나게 된 그들이 나에게 최고의, 강력한 무기가 되어주었다.

나의 무기인 동료도 고객도 다 사람이다. 어디에 있든 어떤 상태로 있든 중요하지 않다. 나는 고객을 고객 자체로 보고, 사람을 사람 자체로 보고자 했다. 고객 관계를 인간관계처럼 중요하게 여기고자 노력했다.

나의 문어발은 사람이다

여러모로 부족한 나였지만, 고객과의 관계를 배우며 사람과의 관계도 깊이 이해하고자 노력했다. 한 분의 고객 뒤에는 백 분의 고객이 계시다는 진리를 깨닫게 해주었고, 다른 마케팅이 필요 없다는 사실도 알게 해주었다. 고객 관리가 마케팅이 되어 고객의 꼬리 밑에 다른 고객의 꼬리가 연결되어왔다. 나는 고객과 사람과 사람으로 신뢰와 신뢰로 계급장 떼고 만났고, 그러므로 고객이랑 계속 이어졌다. 고객이 지인을 소개해주고, 지인이 또 지인을 소개해주고, 그 지인이 또 지인을 소개해주고 그렇게 문어발식으로 확장되어 갔다. 나의 문어발은 사람이다.

자식은 부모의 거울이다

아빠, 왜요? 그런 거 왜 해요?

우리 부모님에 대해 이야기하고 싶다. 내가 너무나 미워했던 아버지, 내가 너무나 존경하는 어머니에 대해서 말이다. 사람은 어떤 사람이든, 잘난 사람이든 못난 사람이든, 다른 사람에 대해 어떤 식으로든 배울 게 있다. 그렇게 살지 말아야지, 혹은 그렇게 살아야지 등으로 말이다.

우리 아버지는 친절하지 않으셨다. 어머니한테도, 우리 자식들한테도 말이다. 아버지 본인도 본인 인생에 대해 많은 후회와 아쉬움을 느끼시는 듯했다. 아버지에게 어머니는 화풀이 대상이었다. 그래서 그런 아버지가 미웠다. 무뚝뚝하고 어머니에게 매일 화만 내시던 아버지. 그런데 그런 아버지가 유독 나한테는 친절하시고 내 눈치도 많이 보셨던 기억이 난다. 막내인 나를 좀 예뻐하셨다. 내 방 청소도 아빠가 줄곧 해주셨다. 하지 말라고 해도 집에 오면 어김없이 깨끗했던 내 방은 아버지 덕이었다. 하지만 나는 아버지가 돌아가실 때까지 마음을 열지 않았다. 자식이 넷이지만 모두 어머니 편인 이 집에서 많이 외로우셨을 것이다. 그로 인해 아버지도 본인 인생에 대해 많은 회한을 느끼셨을 것 같다. 그래서인가? 아버지는 뭐라도 하고 싶어 하셨다. 아버지가 택하신 것은 장기기증이었다. 내가 고등학생 때, 아버지가 50대 중반 때의 일이다.

지금의 내 나이와 별로 차이나지 않는다는 걸 이 글을 쓰면서 알게 됐다. 내가 지금 겪고 있는 중년의 위기를 이전의 아버지 또한 겪으셨던 것 같다. 아버지의 중년도 그렇게 지나갔던 것이다. 고등학생 때의 나는 그런 아버지가 이해가 안 되었다.

"아빠, 왜요? 그런 거 왜 해요? 아무리 죽었어도 몸이 갈기갈기 찢기는 거잖아요. 징그러워요." 아버지는 아무 말 없으셨다. 나이가 들어감에 따라 아버지의 건강이 안 좋아져서 장기기증은 힘들어지고 시신기증으로 바뀌게 되었다.

"부디 나를 위한다고 없던 일로 만들지 말아라." 아버지의 마지막 유언이었다. 장기기증자나 시신기증자가 묻힐 곳은 천주교 용인공원묘원으로 故 김수환 추기경이 잠들어 계신 곳이다. 꿈에도 그리던 존경하는 김수환 추기경과 같은 땅에 묻힐 수 있다니, 아버지는 더없는 영광이라고 받아들이셨다. 그리고 아버지는 죽음을 슬픔이 아닌 축복으로 받아들이셨다. 하늘나라로 간다는 것, 존경하는 분 옆에 묻히는 것을 너무나 기뻐하시며 죽음을 담담히 받아들이셨다.

내가 나이가 들어 생각해보니, 예전의 아버지는 본인의 인생을 하찮은, 별거 없는 인생이라 생각하고 낙담하셨던 것 같다. 하지만 내가 보기에, 그래도 마지막 마무리만큼은 너무나 훌륭하셨다고 말씀드리고 싶다. 그리고 끝까지 장기기증, 시신기증의 숭고한 가치에 대해 영광스럽게 생각하고 죽음의 공포를 의연하게 견디셨다는 자체가 지금의 나를 숙연하게 만든다.

아버지는 지금의 나처럼, 중년의 위기를 온몸으로 겪으면서 본인의 삶과 치열하게 싸웠을 것이고 또 나름대로 본인의 위기를 본인에 맞게 이겨내려고 노력하셨던 것 같다. 그런 아버지의 마지막 모습에 깊은 존경과 박수를 보낸다.

부모 노릇하기 힘들지?

우리 집의 어버이날은 특별했다. 어버이날에는 늘 어머니가 한 상 크게 차린 후 아들, 며느리, 사위, 딸, 손자, 손녀를 초대하셨다. 그리고 말씀하셨다. "너희들, 부모 노릇하기 힘들지? 오늘은 여기서 마음껏 먹고 푹 쉬다 가거라. 오늘은 너희들의 날이다." 그러고는 며느리와 딸들에게 현금 100만 원을 용돈으로 주셨다. “애들 키우느라 수고가 많다. 요즘 교육비가 너무 많이 들어가서 너희들에게는 쓸 돈도 없겠다. 이 돈은 순전히 너희들을 위해서만 써라!”

그리고 또 다른 이벤트가 하나 더 있었다. 며느리와 딸들만 백화점에 데리고 가서 옷 한 벌씩을 사주셨다. 인터넷 쇼핑이 아닌, 직접 입어보고 이쁜 옷을 바로 사주셨다. 100만 원 한도 내에서 말이다.

“사는 게 고되고 힘들어서 너희들 용돈 한번 제대로 못 주고, 옷 한번 제대로 못 사줬구나. 오늘은 너희가 입고 싶은 옷 사서 기분 좋게 입어라. 그리고 즐겁게 기억해라. 내가 있든 없든 말이다. 먹고 살기 바빠서 자식들 이쁜 줄도 모르고 키웠다. 그러다 보니 이리 늙었구나.”

지금이라도 자식들과 행복한 추억을 만들고 간직하고 싶어 하시는 거 같았다. “엄마, 엄마 인생 희생하시면서 저희한테 다 해주시려고 노력한 거 저희도 알아요.” 내 진심 어린 마음이었다. 우리 어머니는 남매 네 명을 키웠지만, 최대한 아들, 딸 구별 없이 키우려고 노력하셨다. 그래도 지금 생각해보면 우리 어머니도 역시나 아들을 너무나 좋아하셨다. 하지만 딸이 세 명이나 되니, 딸들 상처받을까 봐 티 안 내시려고 속으로만 아들을 좋아하셨다. ‘벙어리 냉가슴 앓듯’ 말이다.

그런 어머니가 요즘은 티를 너무 내며 오빠를 좋아하신다. 이렇게 좋은데, 그동안 어찌 감추셨을까? 그동안 우리 딸 셋이 어디 가서 기 안 죽고 남녀 차별 안 느끼고 살았던 건 이런 어머니 덕분인 것 같다. 아들, 딸 가리지 않고 모두 소중한 존재들이라며 항상 입버릇처럼 말씀하시며 생활 속에서 실천하셨던 분이 우리 어머니다.

아이들에게 물려주고 싶은 가치가 있다

나는 2019년 하반기에 보건복지부와 뉴스핌의 생명존중 캠페인의 홍보대사로 참여했다. 이때는 가수 설리 씨의 자살로 인해 우리 사회에서 '자살에 대한 사회적 관심이 필요하다'는 사실과 더불어 '생명의 소중함', 나아가서 '생명존중'이라는 화두가 사회적 이슈로 떠올랐던 시기이기도 했다. 그저 평범한 아줌마인 내가 '나랏일에 참여한다는 것'과 '생명존중 캠페인 홍보대사'로서 남을 돕는 일에 나의 영향력을 행사한다는 사실이 개인적으로 영광스럽고 큰 감동으로 다가왔다.

모든 것은 흙으로 돌아가는 게 자연의 이치라며, 삶의 끝에 본인의 육체를 사회에 내놓으며, 시신기증의 숭고한 가치를 몸소 실천하신 아버지와 단순히 남자, 여자로 구분 짓지 않고, 인간 자체로서의 존재를 생활 속에서 실천하신 어머니. 두 분에게서 많은 깨달음을 얻는다. 물론 그 모든 깨달음을 현실에 실천하기에는 부족한 나이지만, 그 깨달음의 가치는 우리 아이들에게 꼭 물려주고 싶다.

내가 아무리 인간관계의 소중함을 말하더라도 부모를 빼고는 그것의 말을 시작조차 할 수가 없다. 내 인간관계의 첫 시작이 바로 부모님으로부터 비롯된 것이기 때문이다. 내가 생명존중 캠페인을 하는 것도, 소박한 봉사를 실천하는 것도, 내 아이들에게 끝없는 사랑을 줄 수 있는 것도 모두 내 인간관계의 원점이 되어준 아버지 그리고 어머니의 사랑과 헌신 덕분임을 다시 한번 깨닫는다. 결국 자식은 부모의 거울이 된다.

재녀도 타인이다

우리는 독서실 동기

2021년 봄, 끝나지 않는 코로나19로 인해 사무실은 거의 비워 둔 상태였고 집에서 원격 수업하는 아이들과 하루 종일 같이 지내는 것은 정말 곤혹이 아닐 수 없었다. 집 앞 커피숍을 다니는 것도 한두 번이지 마음의 위안을 받을 수 있는 곳을 찾아야 했다. 나에게도 돌파구가 필요했다. 그렇다고 일이 없는 이 상황에서 사무실로 출근하는 것 역시 곤혹이었다. 왕복 2시간, 일없이 왔다 갔다 하기엔 시간이 아까웠다. 그래서 아들이 다니는 독서실에 등록했다. 처음엔 많이 망설였다. 부산스러운 아줌마가 다니기엔 독서실이 너무나 조용하고 면학하는 좋은 분위기여서 다른 학생들에게 피해 주진 않을까 싶었다. 두 번 정도 상담을 받으러 갔다가 결국 포기하고 돌아선 찰나에 독서실에서 연락이 왔다. 일명 문제아방이 있다는 것이다. 시험 때만 오는 중학생들을 위한 방, 열심히 공부하지 않는 학생들을 위한 방이라고 했다(중학생들을 폄하하는 건 절대 아니다). 그 방을 나에게 내준다는 것이다. 그것도 다른 학생은 안 받고 말이다. 만에 하나 학생들이 오면 잠시 내가 쉬기로 했다. '그것쯤이야.' 하지만 그런 학생은 아홉 달째 안 오고 있다. 내 단독 룸이 되어버린 것이다. 독서실 내에서 간혹 마주치는 아들은 나만 보면 안면몰수다. 모르는 척, 못 본 척을 한다. 아들과 나, 집보다 독서실에서 더 자주 마주치는 독서실 동기가 됐다.

나 보고 뛰어!

내가 메니에르병을 이겨낸 것도, 다이어트에 성공한 것도 '가장 훌륭하고 가장 빛나는 보석'같은 아이들의 힘 덕분이다.

여러 일이 있을 때마다 아이들은 본인들의 역할에 충실했으며 오히려 더, 집안일까지 도와주는 나의 정신적인 지주였다. 어느 날인가 아이들과 함께 영화 〈군함도〉를 볼 때였다. 누군가가 배에서 뛰어내려야 하는데 겁에 질려 못 뛰어내리고 있었다. "못 뛰어. 못 뛰어. 무서워. 무서워." 그때 옆에 있는 사람이 말했다. "왜 못 뛰어? 나 같은 병신도 뛰는데. 나 보고 뛰어!"

순간 영화를 보며 많은 생각이 들었다. '나는 겁이 많은데, 나로 인해 아이들이 잘못되면 안 되는데, 집에 불이 나거나 위급 상황이 생겼을 때 혹시 내가 겁먹고 있다가 우리 아이들까지 잘못되면 어쩌나?' 아찔해졌다. 마음을 다잡아야겠다는 생각을 했다.

2017년 여름, 아이들과 워터파크를 많이 놀러 다녔다. 물론 젊었을 때의 나는 무서운 놀이기구를 탈 줄 아는 사람이었다. 그러나 메니에르병이 찾아온 이후, 나는 놀이기구를 아예 못 타는 사람이 되었다. 만약 탄다면 회전목마 정도는 탈 수 있었다. 여느 때처럼 줄만 서던 나에게 아이들이 다가와서 "엄마, 줄만 서서 심심하지! 같이 타자! 우리가 도와줄게!" 하며 내 손을 잡았다.

"무서워, 타기 싫어, 싫어, 정말 싫어!" 아이들의 손이 너무 따뜻하고 정겨워 정말 아이들의 손을 놓고 싶지는 않았지만, 공포 앞에서 어쩔 수가 없었다. 그런데 내 양손에 수갑이 채워졌다. 아이들의 손이 수갑이었다. 아이들이 절대 내 손을 놓지 않고 손으로서 나를 위로하고 있었다. 손이 말했다.

"괜찮아, 괜찮아. 엄마, 괜찮아. 우리가 있어. 우리가 보호해줄게" 따스한 손이 나한테 말했다. 정말이다. 진짜 손이 말했고 내 손은 그 소리를 들었다. 나는 손을 놓지 못하고 '울며 겨자 먹기로' 아이들의 손에 끌려갔다. 아이들은 이내 워터파크에서 가장 쉬운, 가장 안전한 놀이기구 앞에 섰다. 그 쉬운, 그 안전한 놀이기구를 타는 것조차도 나한테는 엄청난 용기가 필요했다. 공황장애든 메니에르병이든 공포를 겪어본 사람들은 알 것이다.

공포를 겪어본 사람만이 공포에 정면으로 맞서고자 할 때 얼마나 많은 용기가 필요한 지 말이다. 너무 두렵고 무서워서 도망가고 싶기도 했지만 갑자기 용기를 내고 싶어졌다. '이번 기회를 놓치면 나는 더 이상 어떠한 용기도 낼 수 없어' 하는 생각이 들었다. 초등학교 6학년, 4학년의 두 아들이 너무나 든든했다. 두 아들이 나를 무조건 보호해 줄 것 같았다. 두 아들이 내 옆에만 있다면 나는 이번만큼은 공포에 대한 용기를 10%라도 내볼 수 있겠다는 마음이 들었다. 그런 작은 용기일지라도 아이들에게 용기 내는 엄마의 모습을 보여주고 싶었다.

평소 최강의, 극강의 스릴을 즐길 수 있는 놀이기구만 타던 아이들도 그날은 본인들의 욕심은 버린 채 놀이기구 하나 못 타는 엄마인 나에게 모든 걸 맞췄다. 첫째가 먼저 타고 내려가 나를 기다리고 둘째는 줄을 서는 내내 내 손을 잡아주었다. 사실 무서워서 도망가고 싶어도 앞뒤로 포위되어 도망갈 수도 없었다.

그렇게 정말 쉬운 놀이기구 몇 개를 타다 보니 조금 용기가 붙었다. 이번엔 아이들이 좀 더 난이도 있는 놀이기구를 타자고 했다. 나는 발이 땅에 안 닿으면 공포가 배가 되는데, 그런 놀이기구를 타려니 많이 망설여졌다. 가슴이 벌렁벌렁, 서 있기도 힘들었다. 포기하고 뒤돌아 내려가고 싶었지만 실망하는 아이들의 모습을 상상하니 그것은 정말 더 싫었다. '에라, 모르겠다. 설마 죽겠어? 죽기 아니면 까무러치기다.' 드디어 탔다. 긴 통로를 지나 수

영장 바닥에 처박혀야 하는데, 물속이 아니었다. 내가 숨을 쉬고 있었다. 눈을 떠보니 누군가가 나를 안아서 받아주는 게 아닌가?

깜짝 놀라서 보니 남자 안전요원이었다. 민망했지만, 왜 받아주었냐고 물어보았다. 알고 보니 상황은 이러했다. "우리 엄마가 땅에 발이 안 닿으면 너무 무서워하세요. 좀 받아주시면 안 돼요? 제발, 부탁이에요!"라고 첫째 아들이 부탁했던 것이었다. 이때 나는 메니에르병을 일차적으로 극복했다. 아이들의 도움으로 말이다. 아이들의 도움이 없었다면 절대 불가능했다. 엄마가 아이들 걸음마 가르쳐주듯이, 아이들이 내 손을 잡고 워터파크 내 모든 놀이기구를 탈 수 있게 도와주었다. 처음엔 어떻게 타려나 했는데, 시간이 지나니 용기가 거듭 났고, 처음 한 개의 놀이기구를 타는 것을 성공했더니 그것이 두 개, 세 개가 되었다. 그리고 마지막에 모든 걸 다 타게 되었다.

하나를 할 수 있는 사람은 두 개, 세 개, 열 개도 할 수 있다. 그 이후 나는 워터파크의 어떤 놀이기구든지 탈 수 있는 사람으로 바뀌었다. 참 누구 아들인지 대견하기도 하면서 언제 컸나 싶기도 했다. 가끔은 나를 박씨 아줌마라고 부르며 놀리기도 하는 아이들이지만, 어느새 나에게 커다란 버팀목 같은 존재가 되어버린 걸 느꼈다.

어쩔 수 없는 존재들

이 세상에 가장 쉬운 일이 무엇이라고 생각하는가? 나는 돈으로 해결할 수 있는 일이라고 생각한다. 그러면 가장 어려운 일이 무엇이라고 생각하는가? 나는 사람의 마음을 얻는 것이라고 생각한다. 내가 누군가에게 밥을 한 번 사고, 차를 한 잔 살 수 있지만, 그렇다고 그 사람의 마음을 얻을 수 있는 건 아니다. 사람의 마음을 움직이는 일은 결코 쉽지가 않다.

그런데 살다 보니 이 세상에는 어쩔 수 없는 일이 있었다. 바로 자식에 관한 일이다. 진짜 어쩔 수 없는 존재들이다. 어쩔 땐 뜬금없는 애교로 나를 무장해제시키고, 때론 어찌나 무정하고 매정한지 정이 뚝 떨어진다. 알 수 없는, 이해할 수 없는 짜증으로 나를 폭발시키기도 한다. '아! 이래서 자식을 낳아서 키워봐야 진짜 세상을 아는 것이라 했는가?' 그러나 그 어떤 것과도 비교할 수 없는 기쁨을 주기도 한다.

나는 워킹맘으로 작지만 내실 있는 여행사를 운영 중이다. 그래서 아이 봐주는 이모님을 모시고 살 수 있었다. 그리고 나의 메니에르병 때문에도 이모님은 없어서는 안 될 중요한 존재였다. 그리고 이모님의 월급은 물론 내가 드리지만, 나이 많은 어르신이었고 우리아이들을 봐주는 분이라 나에겐 너무나 어려운 존재였다.

10년 동안 서너 명의 이모님들과 살았는데, 첫째가 초등학교

3학년, 둘째가 초등학교 1학년이 되면서 보육보다는 교육이 중요해져 이모님과 작별하게 되었다. 그런 나에게 집안일은 쉽지 않았다. 집안일에 서툰 나는 아이들과 우리 집을 잘 이끌어 나갈 수 있도록 많은 이야기를 하고 아이들의 협조를 구했다. 초등학생이었던 아이들은 날 잘 따라와줬다. 내심 내가 아이들을 잘 키웠구나 착각했다. 착한 아이들이라며, 엄마 말 잘 듣는 아이들이라며, 아이들을 내 잣대로 평가하며 나 스스로 자긍심을 느꼈다. 나 혼자만의 자화자찬이었다.

아이들이 실종됐다

인생은 참 알 수가 없다. 아이들이 중학생으로 올라가면서 변하기 시작했고 이전의 말 잘 듣는 아이들이 실종됐다. 그리고 우리 집에는 북한도 무서워서 못 쳐들어온다는 중딩 한 명과 고딩 한 명의 두 아들이 있을 뿐이었다. 무언가 잘못되었다. 잘못되어도 단단히 잘못되었다. 이젠 내가 무슨 말을 해도 씨알이 안 먹힌다고나 할까? 이런 핑계, 저런 핑계를 대며 "NO"를 외치고 어쩔 땐 "싫어요. 알아서 할게요. 나가주세요"라고 한다.

'대체 무얼 알아서 한다는 건지? 진짜 알아서 할 수 있기는 한 건지? 나름 열심히 살았고, 아이들에게 신경을 많이 쓴다고 하며 살았는데, 나의 진심이 애들한테는 왜 이리 어긋난 거지? 다른 전업주부들만큼은 못 해도 워킹맘으로서 내 인생은 1도 안 챙기

고 살았는데, 너희만을 위해 살았는데….'

갑자기 '우리 엄마, 아빠는 나를 어떻게 키우셨지?'라는 생각이 들었다. 우리 부모님은 넉넉하지 않은 가정 형편으로 우리들에게 많은 신경을 쓰지는 못하셨지만 방관도 안 하셨다. 우리들 의견을 물어보시고 "너희가 할 수 있는 일들이면 뭐라도 해보는 것이 좋겠다"고 해주셨다. 물론 여기엔 경제적 안정이 절실한 우리 집 사정도 한몫했다. 적극적인 지원도 없었지만, 쓸데없는 감정싸움이나 반대도 하지 않으셨다.

곰곰이 생각해보니 원인은 나였다. 엄마인 나였다. 모든 원인은 엄마인 나한테 있었던 것이다. 자식의 문제는 부모의 문제라고 하지 않나? 내가 아이들을 위한다는 명목하에 내 위주로 생각하고, 아이들을 판단하고, 또 아이들이 해야 할 판단을 대신해주고, 내 기준으로 아이들을 키우려 했던 것이다. 아이들도 본인들의 생각이 있는 인격체인데 내가 그걸 너무 가볍게 여긴 것이다. "이래야 너희한테 좋아. 다시 생각해보면 어떻겠니?" 결론을 이미 내놓고 아이들이 그 결론으로 다가올 수 있도록 무언의 압박과 강요를 했던 것 같다.

나도 메니에르병을 극복함에 있어 아이들의 도움을 받았는데, 이미 그때 엄마를 도울 수 있는 만큼 커진 존재들이었던 것이다. 나만 모르고 있었다. 내가 아이들이 커가고 있다는 사실을 받아들이지 못했던 것 같다. 이제는 아이들이 컸다. 아이들이 변해서 서운했다. 그런데 아이들은 계속 커갈 것이다.

그래서 나는 마음을 이렇게 먹었다. '아이들이 성장함에 있어, 아이 자체를 당당한 하나의 객체로 보기로 하자' 아이들의 생각하는 바가 지금 당장은 좋은 결과를 내지 못하더라도 시행착오를 겪으면서 더 좋은 결과를 이끌어낼 수 있게 말이다. 아이들이 스스로 생각하고 판단하고 행동으로 옮길 수 있도록 기다려주고 참아주고 도와주는 역할을 하고자 마음먹었다.

사춘기 자녀를 대하는 우리들의 자세

그 순하디 순했던 아이들이 사춘기를 겪으면서, 코로나19로 집에 있는 시간이 많아지면서, 날로 가까워진 건 전자기기들뿐이다. 그중 톱(top)은 핸드폰이라는 걸 모든 엄마들이 공감하는 바다. 그렇다고 그만 좀 하라고 큰소리치며 잔소리만 계속한다면 어찌 될까? 실수투성이고 아이들의 마음도 헤아리지 못하는 철부지 엄마지만, 커가는 아이들을 보며 느끼는 것도 후회되는 것도 배우는 것도 많다. 그런 나의 경험들을 비춰보면서 나에 대해 반성해본다. 자녀를 타인으로, 특히 사춘기 자녀를 타인으로 대하는 방법에 대해 다섯 가지만 이야기하겠다. 이는 엄마가 도를 너무 닦아 해탈의 경지에 올라간 상태라 할 수 있다.

첫째, 자녀와 대화하려면, 엄마의 말을 줄이자. 자녀의 말을 길게 만들고, 엄마의 말은 최대한 줄여야 한다. '말 많아서 득 될

게 별로 없다'라는 건 우리 모두가 이미 알고 있다. 자녀가 만약 대화를 시도한다면 그 내용이 좀 황당하더라도 말할 기회를 충분히 주자. 그리고 엄마 입장에서는 속이 터지더라도 최대한 말수를 줄이자. 그렇다고 엄마가 아예 말을 안 하면 안 된다. 그러면 자녀는 본인이 무시당했다거나, 버려졌다거나 하는 마음을 가질 수 있다고 한다(환장하겠다).

둘째, 자녀가 버릇없이 대답해도, 대답해줬다는 사실을 잊지 말자. 이 세상에서 가장 속상한 것 중 하나가, '허공 속 메아리'라고 한다. 듣기 싫으면 안 들을 수도 있었을 텐데, 그래도 엄마의 말을 듣고는 있었나 보다. 대답이 친절하든 퉁명스럽든 대답을 한 것이다. 엄마는 대답을 들었으니, 그 대답에 관해 생각할 수 있다. 그다음 대화도 가능한 거니, 대답 자체에 만족해보자(속 터진다).

셋째, 자녀에게 절대 소리 지르지 말자. "엄마랑 무슨 대화를 해? 내가 미쳤지." 우리 아들이 예전에 나한테 한 말이다. 부모가 자녀를 판단하지만, 자녀 또한 부모를 판단한다. 자기랑 대화가 가능한 사람인지, 불가능한 사람인지를 말이다. 자녀에게 부모는 무조건 대화가 가능한 사람이어야 한다. 그래야 자녀들이 힘들 때, 의지할 사람이 필요할 때 부모한테 손을 내밀 수 있다. 큰 소리를 내며 자녀의 말을 막으면 안 된다. 대화가 가능한 사람이라는 것을 알려주자(미치겠다).

넷째, 욱한다고 자녀에게 상처 주는 말은 하지 말자. 부모가 1등 하는 사람이었으면 자녀도 1등 할 수 있을 가능성이 크다. 하지만 우리가 1등 부모가 아니듯이 자녀에게도 너무 큰 기대를 하면 안 된다. 또한 다른 아이들과도 비교해선 안 된다. 부모라면 자기 자신을 먼저 보자. 몸에 생긴 상처는 약이 있지만, 마음에 난 상처는 약이 없다(피부상처엔 마데카솔, 마음상처엔 글쎄).

다섯째, 어른스럽기만 한 엄마가 되려고 하지 말자. 완벽한 엄마가 아닌, 부족함 많은 한 엄마로서 아이들에게 의지해보자. 그리고 아이 스스로 엄마를 도와주게 만들어 자부심을 느끼게 해보자. 아이들의 행동을 인정하고 격려해주며, 자녀와 함께 엄마도 계속 성장하는 중임을 인지하자. 낯설겠지만 가끔은 활기차고 애교 넘치는 '미운 공주 엄마'가 되는 것도 좋다(으이구).

자녀도 독립된 객체이다

딸 가진 엄마들은 나를 보면 다들 한마디씩 한다. "말년이 외로워질 텐데, 딸이 있어야 되는데" 하고 말이다. 나는 그런 말을 들을 때마다 예전에는 좀 서운했다. 그런데 지금은 속으로 이렇게 이야기한다. '착각하지 마! 왜냐하면 자녀도 엄연히 독립된 객체이고 스스로의 인생을 살아갈 텐데, 딸이라고 다를까? 딸들이 왜 엄마 친구가 될 거라고 단언하는 거지? 딸들도 자기들 친구가 있고 자기들 인생이 있는데 말이야. 엄마는 그냥 엄마 친구랑 놀아야지! 그래야 자식이 부모를 부담스러운 존재로 받아들이지 않을 거야.' 딸이든 아들이든 독립적으로 살아야 한다. 나는 그것을 철저히 지킬 것이다. 자녀도 타인이다.

나는 고객들이나 지인들과의 관계 맺기는 괜찮았는데, 사춘기를 보내는 아이들과의 관계는 조금 삐걱거리고 있다. 지금 우리 집은 성장통을 겪고 있는 중이다. 자녀도 엄마인 나도 각자의 위치에서 말이다. 자녀는 하나의 객체로서 바로 서는 준비를 하는 첫 단계로서의 성장통을 겪고 있고, 나는 이제야 비로소 진실된 부모로서 다시 태어나려는 성장통을 온몸으로 겪고 있다.

나는 자식하고도 관계를 잘 맺는 사람이 세상의 모든 관계를 가장 잘 맺는 위너라고 생각한다. 나는 아이들을 객체로, 그 자체로 인정하기로 결심했다. 사실 나는 독재자적 기질이 있어 스스로 판단하고 결정지으려는 성향이 강하다. 그것부터 고쳐나갈 생각이다. 일에는 이것이 추진력으로 발휘되지만 자식과의 관계에서 이런 추진력은 감정의 역주행만을 부른다는 걸 깨달았다. 하지만 무조건적인 헌신도 사양하겠다. 서로 예의를 지키는 사이, 서로 고마움을 표현할 줄 아는 사이를 지지한다. 잘못은 누구나 할 수 있다. 잘못에 대해 쿨하게 인정하고, 사과하며, 그 사과를 쿨하게 사과를 받아들일 수 있는 그런 관계를 지지하며 희망한다. 부모와 자식 모두 정말 멋진!(So Cool~) 그런 관계를 만들 수 있는 사람이 진정한 위너가 아닐까? 결국엔 자식이 부모 안 찾고 자기들끼리 잘 사는 게 가장 좋은 일이다. 진정한 위너는 자식을 독립된 객체로 키워내고 객관적으로 자식을 바라보는 부모다. 나는 지금까지도 그것이 잘 안 되지만, 그렇게 되기를 목표로 하여 꾸준히 노력할 것이다.

부모도 인간이고 자식도 인간이다. 부모와 자식도 모두가 감정의 지배를 받는 인간이어서 서로 예의를 갖추고 이성적으로 이야기할 줄 알아야 한다. 나뿐만이 아니라 우리가 인간관계를 맺는 원천은 부모다. 우리가 우리 부모한테 인간관계에 대해 배웠듯이, 우리도 우리 자녀에게 좋은 인간관계를 맺을 수 있도록 보여줘야 한다. 자녀도 남이다. 우리가 자녀를 철저히 타인으로 대할 때 자녀도 내 바운더리(boundary) 안에 계속 머물러 있을 것이다. 부모와 자녀가 서로를 각자 동등한 객체로 볼 때, 건강한 인간관계도 지속될 것이라 나는 확신한다.

우리는 지구에 산다

코로나19로 방문하는 곳에 방명록을 쓰거나 QR 인증하는 게 일상화됐다. 이전의 일이다. 나는 QR 인증을 하고 아이들은 방명록을 썼다. 방명록을 쓰며 무슨 일이 있었는지, 둘째가 형 몰래 쪼르르 나에게 카카오톡을 보내왔다. 그동안 형한테 쌓였던 게 많았나 보다. 내가 첫째한테 눈빛 레이저를 쏘니, 첫째가 일어서서 방명록을 고치고 왔다. 나중에, 방명록을 어떻게 고쳤나 보게 되었다.

[처음] 사는 구 : 첫째 : 지구 // 둘째 : ○○○구

[고침] 사는 구 : 첫째 : 지구 // 둘째 : 지구

사는 지역을 써야 하는 공란에 쓴 '지구'를 제대로 고친 줄 알았더니, 동생 것마저 마저 '지구'로 고쳐놓았다. 등짝 스매싱도 내 손이 더 아파서 포기한 지 오래인 나는 순간 웃음이 나왔다. '미운 놈 떡 하나 더 준다'고 했던가. 흑당 밀크티까지 먹이고 외출에서 돌아왔다(방명록은 중요하니, 내가 정확히 고쳤다).

나는 그리 유머러스한 편은 아니지만, 그럼에도 아이들과 친밀감을 느낄 수 있는 개그 코드를 중요하게 여겨 아이들에게 맞추려고 노력한다. X 세대 엄마가 MZ 세대 아이들 키우려니, 세대 차이, 세대 갈등을 겪게 되는 걸 부인할 수 없다. 하지만 그런 우리들도 가끔은 개그 코드가 맞을 때가 있다. 그런 한 번의 웃음이 세대 간의 소통의 창구 역할을 할 수 있음을 믿는다. 이러한 소소한 일상의 작은 개그 또는 에피소드들을 그냥 넘기지 않고 함께 웃으면서 넘어갔으면 좋겠다. 우리 아이의 소소한 개그가 나한테 기쁨을 줬듯이 다른 분들의 일상에도 여러 웃음이 가득하길 바란다.

5장

경제력이
나를
자유케 하리라

돈, 외면 말고 무시 말고 직시하자

돈, 생각보다 중요한 것

"이 세상에 무서운 것 중 하나가 돈맛을 본 사람"이라고 말하는 사람이 있다. '돈'이란 그만큼 평소 우리들에게 보이지 않던 깊은 본성을 자극하기 때문일 것이다.

그런데 이런 인간의 본성을 무조건 나쁘다고만 볼 수 있을까? 인생에서 젊었을 때 돈이 가장 중요하다고 말하는 사람을 보면 우리는 속물이라 생각하지만, 나이가 들어가면서 돈이 가장 중요한 것 중의 하나임을 부인 못할 때가 종종 있다. 이는 누구나 인정하는 바일 것이다.

나는 돈이야말로 양면성을 가진 가장 대표적인 것이라고 생각한다. 돈이 인생에서 많은 기적과 희망을 상징하는 존재이기도 하지만, 반면 인간사에서 재앙과 근심의 근원이 되기도 하기 때문이다. 그러나 돈은 그것을 어떻게 쓰고 활용하느냐에 따라 그리고 그것을 소유한 사람에 따라 다른 얼굴을 보여주기도 한다. 그래서 돈은, 우리 인생에서 매우 중요한 존재일 수밖에 없다.

어려서부터 돈 무서운 줄 알고 컸다

내가 돈에 대한 철학을 이야기하는 건 부끄럽지만, 내가 살아온 배경, 어렸을 때의 가정 형편을 이야기해야만 할 것 같다. 보통 한 집안의 가장은 남자인 아버지이지만, 우리 집은 아버지가 경제적으로 무능하셨다. 우리 집의 가장 역할은 어머니가 하셨다. 아버지가 하셨던 일들이 거의 잘 안돼서 어머니가 생활 전면에 직접 나서야 했고, 아버지는 어머니가 하시는 일의 보조 정도를 맡아 하셨다. 우리 집 경제력은 어머니께서 지켰다. 어머니는 어려운 살림에 돈을 벌고자 열심히 노력하셨다. 어린 내가 보기에도 생계의 문제란 참 절박한 것이었다.

어머니는 본인은 굶어도 어린 네 자식만은 굶기지 않겠다고 결심하셨다고 한다. 하지만 굶기지만 않겠다는 각오 앞에서 자식들이 아플 때 병원을 데려가지 못하는 현실에 피가 거꾸로 솟아오르는 심정이었다고 한다. 더구나 아픈 자식들이 배고픔까지 겪는 현실이라면 돈의 중요성이란 두말할 필요가 없을 것이다.

4남매 중 막내였던 나는 그나마 절박한 가정 형편에서는 좀 벗어난 후에 태어났다. 어머니는 나를 복덩이라 말씀하시곤 했다. "네가 태어나고 집안 살림이 좀 폈어. 사글세지만 집도 생기고, 가게 자리도 생기고." 하지만 큰언니와 둘째인 오빠는 어려운 환경에서 부모님과 같이 유독 고생을 많이 했다고 한다. 잔병치레가 많았던 오빠는 어머니의 속을 태우는 일이 많았는데, 그런 아들을 병원에 데려가지도 못하고 또 그런 아들을 굶길 수밖에 없는 현실에 많이 우셨다고 한다. 보다 못한 이웃집에서 생선 한 마리를 줬다고 하는데 그걸 오빠가 조금씩 먹으니 병이 나았다는 얘기를 하시며 "아마 못 먹어서 몸이 아팠었나 봐" 하고 말씀하셨다. 이 이야기는 내가 크면서 백 번, 천 번, 만 번은 들었던 이야기다.

지금도 그 이야기를 하시는 어머니의 얼굴이 생각나서 눈시울이 붉어진다. 어머니는 정직한 본인의 노동으로 우리를 키우셨다. 그렇게 어려운 날들을 눈물로 이겨내신 어머니는 정직한 분이셨다. 돈에 대한 개념만은 정말 확실한 분이셨다. 그래서 나는 그런 어머니한테서 돈 개념만은 확실하게 배웠다.

돈에 대한 어머니의 가르침

어머니는 내게 돈에 대한 가르침을 어려서부터 알려주셨다.

- 돈, 신용을 목숨처럼 여겨라.

- 남에게 줄 돈이 있으면서 배불리 먹지 마라.
- 내 돈이 중하면 남의 돈은 더욱 중요하다. 그깟 돈 때문에 너의 신용을 저버리면 안 된다.
- 남의 돈, 즉 줄 돈부터 주고 살길을 찾아야 한다.
- 인생에 공짜는 없다. 뭐든 대가를 치러야 한다. 제 돈 주고, 나의 권리를 확실히 챙겨라. 그게 현명하다.
- 사람을 부릴 때도, 줄 돈 확실히 주고 사람도 확실히 부려라. 그래야 그 사람도 거기에 맞게 확실하게 일할 것이다.
- 싼 게 비지떡이다. 제값 주고 좋은 걸 사라. 가치 있는 걸 사라. 그래야 그 가치는 그 이상의 가치 값을 한다.
- 남의 돈을 탐내지 마라. 스스로 열심히 일해서 스스로 벌어 먹고 살아라.
- 다른 사람이 큰 이득을 봤다고 무조건적으로 따라 하지 마라. 사람마다 다르다. 자신만의 방법을 찾아야 한다.
- 지금 당장 가진 것이 없다고 낙심하지 마라. 노력한 만큼 대가는 따라온다.
- 100% 노력해서 120% 기대하지 마라. 80%만 이루어도 성공이고 상황이 어려울 땐 50% 이루어도 성공일 수 있다. 그게 쌓이면 200%의 결과를 이루는 날도 올 것이다.

이런 어머님의 가르침 덕분에 돈에 관련돼서 사람을 대하는 법과 돈 자체를 받아들이는 법에 대해 깊이 있게 생각할 수 있었다. 또한 부족한 나지만 돈을 맹신하지도, 돈을 무시하지도 않는 적정한 선을 지키겠다고 다짐했다. 누구가 나에게 "박정빈, 너를 지키는 키워드가 무엇이냐?"라고 묻는다면, 나는 서슴없이 "성실과 돈에 대한 신의"라고 대답할 것이다. 나는 어머니께 그렇게 배웠다. 단언은 못하지만, 나는 앞으로도 어머니처럼 돈에 대한 개념만큼은 확실하게 가지고 살려고 노력할 것이다.

만 원 정도는 꿔줄 수 있어

여행사는 항상 현금이 오가는 곳이다. 가끔 이 돈이 내 돈인지 고객의 돈인지 회사의 돈인지 헷갈려하는 사람들을 너무 많이 봤다. 그런 사람들의 끝은 항상 돈이 부족했다. 있는 돈 다 쓰면 다시 돈을 채워놓고, 쓰고 채우고를 반복하다 보면 어느새 돈 계산은 흐려지고, 구멍 난 통장을 마주하게 된다. 그걸 보면서 '나이가 많고 적음을 떠나 돈 무서운 줄 모르는 사람들이 이리 많구나'라고 생각했다. 현금을 돌리다가 카드를 돌리게 되고 카드 연체를 막고자 타인에게 돈을 빌리게 된다. 돈을 빌릴 때는 빌린 날짜가 있지만 갚을 때는 날짜가 없어진다. 빌려준 사람의 기약 없는 기다림만 있다. 이래서 "돈은 앉아서 빌려주고 서서 받는다"라고 하나보다.

나는 사람을 만나고 좀 가까워지면 이렇게 이야기한다. "우리 서로 돈거래만은 하지 않기로 해요. 만약 갑자기 적은 돈이 필요할 때는 만 원 정도는 꿔주기로 해요. 아님 만 원 정도는 그냥 줄게요. 받지 않아도 될 정도까지만 해요. 같이 맛난 음식 먹었다고 생각할 수 있는 정도까지요." 그러자 웃으며 이렇게 말하는 상대가 있었다.

"그럼 저는 한 삼만 원 정도는 꿔줄 수가 있어요. 아니 오만 원까지요. 십만 원만 안 넘어가면 돼요. 그 선까지만 부탁할게요."

어느 날인가? 얼굴을 보자마자 거의 같은 말이 튀어나왔다. 누가 질세라, 서로 먼저 "만 원만요!", "어? 이거 완전 '찌찌뽕'인데?" 우린 같이 유쾌하게 웃었다.

이렇게 상대의 돈에 대한 철학을 쿨하게 받아들이고 그 입장을 헤아릴 줄 아는 상대라면, 그 사람 역시 돈에 대한 신의가 있는 사람이라고 확신한다. 그리고 내가 이런 말을 선수치듯 먼저 하는 이유는 돈거래는 서로 간에 감정이 상할 수 있으니 아예 처음부터 돈거래를 하지 말아야 한다고 생각하기 때문이다. 돈 안 빌려주는 야박한 사람 되는 게 훨씬 낫다.

내 경험상 처음 돈 거절도 힘들지만 습관이 된 상태에서의 돈 거절은 정말 진짜 힘들다. 돈이란 계속 필요한 것이고 한 번 돈을 꾸다 보면 계속 꾸게 되고, 한 번 빌려주다 보면 계속 빌려주게 된다. 그런데 돈 실수는 사람이 하고자 해서 하는 게 아니라 상황이 돈 실수를 하게 만든다. 그러면 여기에 플러스, 사람까지 잃게 되는 경우가 생긴다.

그리고 가장 중요한 것은 돈을 빌려주고 못 받았을 때 그 사람을 보면 돈부터 생각난다는 것이다. 사람을 만나면 사람에 집중해야 되는데, 서로 옛날의 감정은 되살아나지 않고 나쁜 기억, 돈 빌려주고 못 받은 기억이 나니까 제대로 된 인간관계가 유지되기가 힘들다. 돈이 사람의 관계를 가림막처럼 막아선다고나 할까? 그렇지만 이런 상황에서 돈에만 집중하게 되는 것 또한 인간의 솔직한 본성이라 생각한다. 내가 돈을 만 원 이상 안 꿔주려는 이유는 사람을 만날 때 사람에 집중하지 못하고 못 받은 돈을 생각하는 나를 발견했기 때문이다. '내가 왜 이러고 있지?'라는 자괴감을 강하게 느꼈기 때문이다.

돈을 직시할 때 돈에 솔직해질 수 있다

우리가 습관처럼 "돈, 돈" 할 때가 있다. 우리의 생활이란 것이 돈에 연관된 부분이 많기 때문이다. 돈을 직시할 때 돈에 대한 바른 태도가 확립된다. 즉 돈만을 따르는 사람이 되는 우려를 줄일 수 있다. 우리가 돈을 외면하지 말고 무시하지 말고 적대시하지 않고 직시할 때 비로소 돈 앞에서 솔직해질 수 있다. 또한 내가 아이들과 경제적으로 여유롭게 살기를 바라는 마음이 나의 솔직한 심정이다.

돈에 대한 나의 철학은, 돈 자체에는 휘둘리지 않지만 돈에 솔직한 사람이 되고 싶다는 것이다. 나는 돈을 좋아한다. 돈을 좀 더 많이 벌고 싶다. 지금 내가 돈을 열심히 벌고자 하는 이유는 다른 사람들보다 더욱 풍족한 노후를 기대하기보다 최소한 다른 사람들에게 피해를 주지 않는, '경제적으로 독립된 노인'으로 늙고 싶다는 바람 때문이다.

2021년, 우리가 바라는 의식주의 의미

사람들이 경제력을 갖추려는 이유

인간은 태어나면서부터 먹고 입고 자는 것을 시작한다. 그러면서 알게 모르게 먹고 입고 자는 것에 대한 고민도 시작된다. 인생을 살아간다는 것의 표면적인 문제는 먹고 입고 자는 것이며 그 밖의 문제는 이 세 가지가 기본적으로 해결되고 난 이후의 문제일 것이다. 우리의 삶에서 먹고 입고 휴식을 취하는 것은 아주 중요하기 때문에 이를 해결하고자 하는 것은 당연한 인간의 본능이다. 의식주는 사치가 아니라 우리의 생활이며 어느 것 하나 빠질 수 없는, 똑같이 무게중심을 갖는 문제들이다. 사람들이 경제력을 갖추려고 하는 것은 의식주를 편안하게 해결하기 위함이 아닐까 싶다.

의식주만큼은 돈 걱정 없이 해결하고 싶다

내 인생의 목표는 '의식주는 확실하게 해결한다. 의식주의 문제만큼은 돈 걱정 없이 확실하게 해결하고 싶다'이다. 여기서 내가 의미를 두는 부분은 '확실하게'와 '내가 원하는 수준'에서의 해결이다. 2021년, 대한민국에서 '식'의 의미는 굶어죽느냐 아니냐의 문제가 아니다. 끼니를 때우지 못하는 게 아니라 고기를 먹고 싶을 때 마음껏 먹을 수 있느냐, 아이들이 피자나 치킨을 먹고 싶어 할 때 편안하게 시켜줄 수 있느냐의 문제다. 보다 맛있는 음식을 보다 좋은 곳에서 먹을 수 있냐 못 먹냐의 문제이며, 그것을 실행에 옮김에 있어 너무 많은 고민을 하냐 안 하냐의 문제라고 나는 생각한다.

이런 기준에서 보자면 의도 주도 마찬가지다. 외출을 하려고 옷장을 열 때마다 '옷이 없어! 외출할 때 입을 만한 적당한 옷이 없어!'라고 생각한다. '계절이 바뀔 때마다 유행이 되는 옷 한 벌 정도는 사고 싶다' 하는 건 모두가 갖는 평범한 바람이 아닐까? 이 정도가 2021년의 시각에서 바라보는 '의'의 보편적인 기준인 것 같다. 나는 이런 평범한 마음과 기준이 보편적이라고 생각한다. 그렇다면 '주'는 어떨까? 나의 '주'에 대한 개념은 내가 편안하게 살 수 있는 집 한 채는 소유해야 한다는 것이다. 전세도 월세도 아닌, 이사 걱정 없이 내가 원하는 지역에 자가로 사는 것. 이것이 진정한 주의 개념이 아닐까?

집에 대한 열망은 끊임없는 도전이다

일본 작가 무라카미 하루키는 수필집에서 행복을 “갓 구운 빵을 손으로 찢어 먹는 것, 서랍 안에 반듯하게 접어 넣은 속옷이 잔뜩 쌓여 있는 것, 새로 산 정결한 면 냄새가 풍기는 하얀 셔츠를 머리에서부터 뒤집어쓸 때의 기분…”이라고 얘기했다. 우리는 일상에서의 이런 소박하지만 진정한 행복을 원한다. 작은 사치로 인한 큰 행복 말이다. 행복에서도 가성비의 원칙이 적용되기를 간절히 바란다(즉, 작은 사치, 큰 행복, 행복가성비).

내가 지금 생각하는 의식주의 해결은 깔끔하게 차려입고 오래간만에 만나는 친구들 앞에서 멋진 모습을 보여주는 것, 두세 달에 한두 번은 가족 모두가 함께 나가 그럴싸하게 외식하는 것, 혼자 커피숍에서 향기로운 커피와 디저트 한 조각을 먹으며 여유를 즐기는 것, 또래의 학부모들과 집 안에서 편안하게 커피 한 잔 마실 수 있는 것 등이다. 최소한 이 정도가 내가 생각하는 의식주의 해결이다. 그중에서 가장 큰 고민이자 가장 비용이 많이 드는 것은 당연히 ‘주’, 집일 것이다. 의식주 중에서 가장 큰돈이 들어가고 계획과 단계가 필요한 일이기 때문이다. 나 역시 마찬가지다. 그래서 나는 부동산 공부에 시간을 아끼지 않는다.

우리가 먹을 것, 입을 것에 대한 것은 개인사로 치부하면서 집에 대한 관심은 투기라 하여 안 좋은 시선으로 볼 때가 있다. 물론 당연하다. 우리들의 기본적인 주거 공간인 집을 개인의 욕심으로 여러 채 보유하여 투기의 수단으로 삼는 것은 경계해야 한다. 그러나 긍정적인 '집에 대한 투자'는 우리 인생의 과제라고 생각한다.

사실, 나는 의식주 중에서 주에 대한 관심과 열망이 유독 컸다. 아버지는 직장 다니고 어머니는 살림하는 그런 가정이 아닌, 어머니가 장사하고 아버지가 어머니를 돕는 그런 환경에서 컸다. 장사를 하려면 가게가 필요한데, 살림과 장사를 같이 한다는 건 어머니의 절대적인 희생이 있었다는 이야기다. 그래서 우리 집은 살림과 장사를 같이 할 수 있는 집이 절실했다. 그런데 나는 그런 집이 싫었다. 우리 가족만이 생활하는 안락하고 조용한 집을 원했다. 어머님의 노고와는 상관없이 말이다.

그때의 철없는 마음은 나이가 들면서까지 이어졌다. 같은 연배의 사람들보다 부동산에 대한 지식이 많다고 자부하는 것 또한 이런 관심과 열망 때문일 것이다. 전세, 반전세, 아파트 청약, 아파트 매매, 아파트 경매, 땅 경매, 주상 복합 아파트 분양, 오피스텔 청약, 지역 주택 조합 분양, 재개발 사업지 투자, 근린 생활 시설 투자 등은 내가 실제 경험해본 사례들이며 내 관심 분야다. 물론 이 모든 것에 문외한이었던 나로서는 진짜 많은 공부가 필요했다. 물론 전문가들보다 많이 부족하지만 '내 일은 내가 제일 잘 안다'라는 마음을 가지고 경제 공부에 매진하고 있다.

의식주를 해결할 때 진정한 성인이 된다

성인이 되어 부모님으로부터 독립하여 하나의 객체로 우뚝 선다는 것은 여러 가지를 의미한다. 첫 번째는 정신적으로 성숙하여 스스로 사리 분별할 수 있는 성숙함을 갖는 것이고, 두 번째는 의식주를 스스로 해결해야 한다는 것이다. 부모에게 정신적인 것과 경제적인 것을 모두 의지한다든가, 하나라도 독립하지 못했다면 성숙한 성인이 됐다고 볼 수 없지 않을까 싶다. 의식주의 문제부터 먼저 해결되어야만 개인의 여가와 본인의 이상을 실현시키는 데 더욱 주력할 수 있을 것이다.

삶의 만족도와 부의 가치 평가는 그 시대의 가치관, 사회상에 따라 다른 모습을 보여주기도 한다. "행복은 집 평수에 비례하지 않는다"라는 말처럼 좋은 집, 넓은 평수의 집이 우리 행복의 절대 기준이 될 수는 없지만 우리들의 삶의 안식처이자 휴식의 절대적인 공간인 집이 차지하는 비중은 아주 크다. 하지만 시대와 인식의 변화에 따라 젊은 사람들 중에는 의식주 외에 본인의 역량을 위한 투자나 자동차 등으로 비중이 많이 옮겨간 것도 사실이긴 하다. 의식주의 개념이 이전과는 많이 달라졌지만, 그래도 의식주의 해결은 아주 기본이다. 사람들이 경제력을 갖추려는 진짜 이유는 의식주를 편안하게 해결하고 자기 발전을 도모하고자 하는 열망이 크기 때문이 아닐까 싶다.

경제 공부도, 부동산 공부도 발품에서 나온다

경험에서 배운 생애 첫 아파트

집에 대한 나의 첫 번째 도전은 아파트 분양이었다. 2004년이었나? 아파트 분양가가 오른다는 발표 후 경기도 동탄의 30평대 아파트 분양가가 4억 원을 찍었다. 나에게 4억 원이란 돈은 '넘사벽'이었다. 그래서 나는 분양가가 오르기 전 마지막 분양지였던 용인 아파트 분양에 급하게 도전했다. 동탄 분양가의 딱 반 가격인 2억 원이었다. 이때의 나는 너무 무지해서 아파트 분양을 시작할 때부터 돈이 다 필요한 줄 알았다. 하지만 아니었다. 계약금 10%, 중도금 6회 분할 납부, 잔금 40%였다. 부담 없었다. 하지만 서울에 주거지를 마련하고 싶었던 나는 경기도에 있는 아파트가 부담스러웠다.

'매도 시기를 잘 잡아야 하는데…' 하는 고민이 시작되었다. 입주 2년이 되니 아파트 가격이 3억 5천만 원이 되었다. '좀 기다리면 4억 원이 되겠네. 그럼 비과세도 받을 수 있고!' 라는 생각을 했다. 그런데 이게 웬일인가? 버블세븐으로 집 가격이 하락하기 시작했는데, 용인 집 가격의 하락 폭이 가장 컸다. 3년 비과세를 기다리다 3억 원에 판 것이다. 그리고 비과세 문제가 해결되면 물량 폭탄이 되어 잠시 집값이 하락하기도 한다. 다른 사람도 나랑 똑같이 생각하기 때문이다.

기대 심리라는 것이 무서운 것임을 알았다. 집값 오를 때는 좀 완만하다가도 집값이 내릴 때는 가파르게 내려갈 수 있다는 걸 경험했다. 버블세븐의 영향력은 대단했다. 집값 3억 5천만 원에 세금 내는 것이 비과세 3억보다 유리하다는 걸 알았다. 이때 느낀 것은, 팔아야 한다고 생각했으면 세금 무서워하지 말고 눈으로만 마음으로만 어림짐작하지 말고 직접 계산하며 실익을 구분하여 결정해야 한다는 것이다. 막연하게 그럴 것이라는 것은 아무 도움이 되지 않는다는 걸 '부동산 새내기'였던 나는 확실하게 느꼈다. 그래도 분양가가 워낙 쌌던 집이라 부동산의 첫 도전으로는 성공적인 경험이었다.

무조건 유행을 쫓아가면 안 된다

부동산이야말로 사회 전반적인 흐름의 영향을 많이 받는다.

내가 예전에 49평 주상 복합 아파트에 분양 계약을 한 적이 있었다. 강남에서 성공한 주상 복합 아파트가 강북에서도 세워진다고 해서 투자했다. 공주 같은 집에서 살고 싶었고, 꿈같은 집이었다. 하지만 이건 내 오판이었다. 주상 복합 아파트라서 성공한 게 아니라, 주변 환경과 위치 때문에 성공한 것이었다. 한마디로 말해 강남이라서 성공한 것이다.

현실을 인식하고 분양 계약을 포기하고 싶었지만, 분양 계약 파기란 쉬운 일이 아니었다. 그러다가 2008년 촛불집회가 있었다. 그것이 빌미가 되어 공사가 늦어지고 입주가 지연되다 보니 분양 계약 취소 소송이 시작되었다. 물론 나도 참여했다. 한 2년 고생했나 보다. 결국엔 승소했다. 계약금 5천만 원에 위자료 1억 원을 얹어 받아 서류상 1억 5천만 원을 받았지만 단체 소송비와 세금 5천만 원을 제하고 내 통장에 계약금 5천만 원과 위자료 5천만 원을 합한 1억 원이란 숫자가 찍혔던 것이 기억난다. 이때 신경을 너무 많이 써서 메니에르병도 심해졌다. 5천만 원을 내 건강과 바꾼 꼴이었다.

주상 복합 아파트 분양 계약을 파기하면서 느낀 점은 경제 공부도 마찬가지지만 부동산은 더더욱 그렇듯이 시대의 흐름을 읽지 않고서 무조건 유행을 좇아가면 안 된다는 것이다. 세상의 흐름을 모르고 덤벼들었다가는 나처럼 혹독한 부동산 신고식을 치를 수 있다. 그리고 몇 가지 중요한 사실도 알게 되었다.

첫 번째는 문서에 서명하는 것과 관련한 것이다. 나의 경우는 좀 특별 케이스였지만, 그래도 문서의 서명은 아주 중요하다. 특히 정상적인 상황이 아니라 소송이나 뭔가 안 좋은 상황이 발생할 경우에는 건설사 동의서에 서명을 했는지의 여부가 아주 중요한 쟁점으로 작용한다. 아주 사소한 동의서라고 느낄지라도 말이다. 공사 지연 이후, 분양 취소 소송이 시작할 시기에 건설사에서 많은 동의서를 요청했었다. 그런데 건설사 동의서에 한 번이라도 서명한 사람은 분양 계약 취소 소송에 참여할 수 없었다. '건설사 동의서'란 것이 입주 의사를 밝혔다고 보기 때문이었다. 두 번째는 이 세상엔 똑똑한 사람들이 엄청 많다는 것이다. 나는 그들 옆에서 무임승차했던 것이다. 똑똑한 그들 덕분에 나 또한 승소 대열에 낄 수 있었다. 세 번째는 아파트의 가치는 아파트 자체에만 있는 것이 아니라 위치나 주변 환경에 따라 달라진다는 사실이다. 입지가 중요하다는 것을 이 일을 계기로 새삼 실감하게 되었다.

급매? 경매를 배우러 직접 나서다

2008년 리먼 브라더스 사태 이후, '과연 우리나라에 제2의 IMF가 올 것인가? 아닐 것인가?' 하는 양분된 의견이 많았다. 나는 이때를 똑똑히 기억한다. 2008년 9월부터 여행 문의가 줄더니 10월이 되자 진짜로 전화가 뚝 끊겼다. 임대료, 월급 등 나갈 돈이 수두룩한데, 여행사 매출은 바닥을 치고 한숨만 나왔다. 그런데 거짓말처럼 10월 31일 블랙데이를 지나 제2의 IMF가 안 온다 하니 사회 분위기가 반등되었다. 하지만 나는 앞으로 IMF 혹은 또 다른 리먼 브라더스 같은 사태가 발생할 수 있다는 위기감이 들어 20평대 작은 아파트라도 급매로 사야겠다고 생각해 부동산을 돌아다녔다. 그런데 나 같은 뜨내기한테는 급매 아파트의 기회가 오지 않았다. '내가 살 수 없는 급매보다 경매가 훨씬 낫겠네'라고 느껴져서 나는 경매 공부를 시작했다.

독학으로 경매를 공부하면서 경매업자의 도움을 받아 경매에 참여했다. 다 좋은데, 경매업자들은 낙찰 성공 시 보수 욕심 때문에 높은 낙찰가를 권했다. 경매를 잘 모르고 시세를 잘 모르면 현 시세보다도 높은 경매가로 낙찰받을 수 있다는 걸 알게 되었다. 그래서 나는 모르는 동네가 아닌 내가 잘 아는, 내가 사는 곳과 가까운 곳으로 경매 물건을 정하고 경매에 참여했다. 물론 경매가도 내가 결정했다. 그리고 드디어 낙찰을 받았다.

하지만 명도는 쉽지 않았다. 중간에 문제가 발생했다. 경매업자가 명도 욕심에 문을 따고 집에 들어갔는데 그걸 집주인이 알게 되어 경찰에 신고한 것이다. 거기다 집주인은 집 안에 있던 다이아몬드가 없어졌다고 했다. 말이 안 되는 이야기지만 증명할 방법이 없었고 우리가 잘못한 일이었기에 무조건 사과했다.

'뭐든 이렇게 무리하게 진행하면 이런 일이 발생하는구나'라는 사실을 확실하게 경험했다. 집주인과 직접 만나서 사업 실패로 집이 경매에 넘어간 아픔에 깊이 공감하고 집주인께 높은 이사비를 지급하며 명도를 마무리 지었다.

주머니에서 돈 나갈 때가 가장 확실한 교육이다

우연한 기회에 역세권에 교통 좋고 초중고도 가까운 요지 땅을 접했다. '그런데, 여기가 지역 주택 조합 아파트라고?' 하지만 무조건 하고 싶어졌다. 얼마나 하고 싶었는지, 경매 받은 아파트를 약간의 이익만 남기고 팔아서 자금을 마련했다.

'아뿔싸! 이를 어째!' 시간이 얼마 되지 않아서 느꼈다. 지역 주택 조합 아파트는 함부로 시도할 게 아니었다. 여기저기 피해자들이 많았다. 몇 달간 속으로 웃고 울기를 반복했다. '그래도 내가 선택한 곳은 다르지 않을까? 사업 진행이 좀 잘되지 않을까?' 하지만 이럴수록 현실을 직시해야 한다. 지역 주택 조합 사장님과 담판을 지어야만 했다.

사업 진행 미비로 인한 계약금 전액 환불을 요구했으나 분양사 대행 수수료 800만 원은 돌려주지 못한다고 했다. 물론 나도 수긍했다. 강요에 의한 계약이 아니라 자의적 계약에 대한 책임은 나에게도 있음이 당연하다. 인정했다. '수박 겉핥기식의 얕은 부동산 지식으론 뭐든 실패할 수 있다'라는 것을 직접 경험하고 나의 섣부른 행동을 깊이 반성했다. 그리고 '내 주머니에서 돈 나갈 때가 가장 확실한 교육'이라는 참 교훈을 얻었다.

발품 팔며 하는 공부가 진짜 경제 공부다

'부동산'이라는 건 알아야 할 게 너무 많았다. 그럼 부동산 공부를 어떻게 할 것인가? 무작정 공인중개사 시험 준비를 할 것인가? 그러나 학원에 목매어 공부하려니 덜컥 겁이 났다. 공인중개사 자격증 시험이 어렵다는데, 나는 시험에 통과할 자신이 없었다.

그런데 지역 주택 조합 사장님은 '부동산 도사'였다. 사장님이 재개발 사업에 대해 자세히 알려주었다. 사장님이 아무리 쉽게 설명해주어도 너무 생소했고 어려워서 나에게 재개발 사업은 '어려움' 그 자체였다. 내 머릿속에는 '재개발 사업은 왜 이리 복잡하지?'라는 생각뿐이었다. 그래도 재개발 사업 공부를 시작했다. 그러다 보니 재개발 사업지인 현장을 직접 보고 싶어졌다. 나는 서울의 재개발 사업지를 대여섯 시간 걸어 다니며 재개발 현장을 몸으로 느끼며 공부했다. 그리고 마음에 드는 재개발 사업지가 있으면 담당 구청의 공무원을 찾아갔다. 나의 주관적인 감정이 아닌 객관적인 이성이 필요했다.

중요한 사실에 대해 '부동산에서 이렇게 말하더라, 인터넷에서 저렇게 말하더라'라는 것보다는 국가의 사업이니 담당 공무원에게 재개발 사업 진행에 대해 정확히 듣는 것이 바람직하다고 생각했다. 서울의 대표적인 재개발 사업지인 노량진, 신길,

용산, 마포, 아현, 북아현, 청량리, 신이문 휘경, 전농 답십리, 월계 미미삼, 장위 뉴타운 등 많이도 다녔다. 무작정 다니기도 했지만 '내가 좋아하는 곳'과 '내가 가봐야 할 곳'을 정하여 번갈아 가며 다녔다. 재개발 사업지마다 특색이 다르고 장단점이 달라 다양하게 공부해야만 학습 효과가 크다고 생각했다.

혹시 나의 부동산 전략을 묻는다면, "남들 다 아는 정보는 정보가 아니에요. 나만의 정보가 필요해요. 물론 타이밍도 중요하고요"라고 답하겠다. 그리고 나의 부동산 전술을 묻는다면, "부동산 최애 지역을 리스트별로 1차, 2차, 3차로 나누어서 정리해 보세요. 자동으로 공부가 될 거예요. 최애 지역 1차 리스트가 비싸고 부담스럽다면 2차 혹은 3차 리스트로 방향을 틀어 공략해 보세요"라고 하겠다. 이것이 나의 전술이라면 전술이다. "단, 빨리 재개발 사업이 진행될 수 있는 곳, 빨리 입주 가능한 곳 등 본인이 주목한 키포인트(key point)에 집중하셔야 돼요"라고 덧붙이면서 말이다.

아파트 분양도 받아봤고, 아파트를 사보기도 했고, 주상 복합 아파트 분양 취소 소송도 해봤고, 리먼 사태로 여행업도 바닥을 쳐봤고, 그래서 경매도 해봤고, 지역 주택 아파트로 헛돈도 날려봤다. 그랬더니 경제 공부, 부동산 공부는 책으로도 하지만 '현장에서 발품 팔며 하는 공부'가 진짜 살아 있는 경제 공부이며 부동산 공부라고 느끼게 되었다.

우리 집 부동산 전도사는 나였다

나는 이렇게 발로 뛰어 익힌 나의 부동산 지식을 나만 알기엔 너무 아까웠다. 고급 정보라는 생각이 들었다. 명절에 가족들이 모이면 눈치를 보며 부동산 이야기를 시작했다.

집안의 막내인 나, 말발이 잘 안 먹혔다. 응석받이 막내로 살다 보니 오빠, 언니들은 내 말을 한 귀로 듣고 한 귀로 흘렸다. 나는 포기하지 않고 틈나는 대로 이야기했다. 오빠, 언니들의 부동산에 대한 사고방식을 개조시키기로 마음먹었다.

"언니, 오빠! 우리가 경제를 알아야 해! 그냥 이렇게 살 게 아니야. 경제를 제대로 알아야 하고 세상 돌아가는 거 알아야 해. 그냥 가만히 내 할 일만 열심히 한다고 현상 유지가 될 거 같아? 경제를 모르면 현상 유지도 어려운 거야. 가만히 있으면 나만 뒤처지는 거라고." 돌아오는 건 언니, 오빠의 "뭔 소리야! 그렇게 좋으면 너나 하셔!"였다. "지금 우리가 경제 공부를 안 하면 우리는 점점 더 뒤처지고 자식들도 점점 힘들어져. 노후는 대체 어떻게 준비할 거야? 남들 돈 벌 때 나도 돈 벌어야지, 가만있으면 돈을 버리는 거야. 투기를 하라는 것이 아니라 미래에 투자하라는 거야. 은행 예금만 믿기엔 돈의 가치는 금방 허물어질 수 있어. 현금이 아닌 집으로 가지고 있으면 그건 한 채의 집으로 남는 거야."

언니, 오빠를 설득시키며 부동산 사고방식을 점차 개조시켜 갔다. 언니, 오빠는 나를 철부지 막내로 알겠지만 내가 보기엔 언니, 오빠가 오히려 부동산 머리로는, 철부지 막내로 보였다. 직장 생활을 너무 오래 해서 그 직장 문화에만 적응하고 변화를 두려워하는 몰라도 너무 모르는 사람들이라고 느껴졌다. 두루 앉혀놓고 부동산 머리를 깨칠 때까지 몇 달이나 걸렸다.

뉴스나 인터넷에서 재개발 사업 이야기가 많이 나오니 점차 나의 말에 귀 기울이기 시작했다. 그러고선 어느 날 언니가 나에게 "네가 한번 추천 해봐" 하는 게 아닌가? 난 "당근이죠"라고 응수했다. 선녀에게 날개 단 듯, 홍이 나서 언니에게 여러 재개발 지역을 소개하다가 요즘 핫하다는 GTX의 중심인 청량리 뒤의 뉴타운 분양권을 양도받게 했다. GTX의 위세는 대단했다. 내 예상을 훨씬 뛰어넘었다. 부동산 계약한 다음 날부터 잠만 자고 일어나면 매일매일 부동산 가격이 올랐다.

오빠도 "나도 하나 해볼래. 네가 알아봐줘"라고 말했다. 나는 내 일처럼, 아니 내 일보다 더욱 열심히 부동산을 다녔다. 수원에 너무 오래 살았던 오빠는 서울의 재개발 사업에는 문외한이었다. 여기저기 설명해줘도 부동산 경험이 많이 없어서 망설일 수밖에 없었다. 그래서 나는 오빠의 부동산 눈높이에 맞췄다. 오빠도 아주 잘 아는 곳, 오빠가 마음에 들어 할 만한 곳을 추천했다. 어머니가 사시는 본가와 가까운 곳이었다. "여긴 이전 추천지보다 조금 못하지만 여기도 괜찮을 거야!" 오빠도 바로 좋다고 했다. 물론 결과도 아주 좋았다.

지금은 서울 시내의 재개발 사업지가 돈이 된다는 사실을 누구나 다 안다. 하지만 규제도 심하고 너무 비싸져서 함부로 살 수가 없다. 내가 지금 얘기하고자 하는 건 부동산 공부를 꾸준히 해서 많은 사람이 알기 전에, 너무나 보편화되기 전에 부동산 투자를 실행에 옮기자는 것이다. 남들 다 아는 정보는 이미 정보가 아닌 것이다. 경제는 타이밍이다. 부동산이야말로 타이밍이다. 모든 일에 있어 타이밍이란 일을 성공시키느냐 그르치느냐의 갈림길에 서 있게 한다. 그 타이밍의 순간에 깨어 있어야 한다. 내게 온 기회가 타이밍인지 아닌지를 보는 안목은 끊임없는 경제 공부의 바탕에서 나온다. 우리는 그동안 얼마나 많은 타이밍의 기회를 놓쳤을까?

경제 공부, 부동산 공부는 계속 진행 중

나는 부동산을 통해 경제 공부를 가장 많이 했지만 지금도 여전히 경제 공부는 꾸준히 계속해야 한다고 생각한다. 경제는 살아 움직이니까 말이다. 남들은 나한테 이것저것 안 해본 것 없이 다 해봤다고 말하지만 내가 안 해본 것은 꼬마빌딩이어서 지금 꼬마빌딩 공부를 하고 있다. 지난 1년 동안 연남동을 수도 없이 많이 다녔다. 부동산 강심장이라 자부하던 나도 근린 생활 시설, 꼬마빌딩은 처음이라 꼬마빌딩 앞에서는 새가슴이 되었다. 하지만 연남동에 여러 번 발품 팔아서 마음에 드는 것을 계약했고 이제는 건축 공부도 시작했다. 다시금 부동산 강심장으로 돌아올 준비를 하고 있다.

지금은 연남동의 작은 땅에서 건축을 시작하지만 이것이 마지막이라고 생각하지 않는다. 지금은 단지 건축 공부의 첫 계단을 디뎠을 뿐이다. 하나를 하면 둘을 할 수 있고 열을 할 수 있다. 처음이 힘든 것이다. 지금의 힘든 첫 번째 경험을 성공리에 마무리하면 용기와 자신감은 더욱 가속도가 붙을 것이다. 인생에서 안 되는 일은 없다. 당연히 부단한 노력과 공부는 필수인 상태에서 말이다. 돈의 흐름을 알려면 사람들의 심리를 잘 파악해야 한다. 부동산이야말로 '사람들의 심리'로 움직이는 시장이다. 이런 걸 잘 읽어야 한다. 끊임없이 사회, 정치, 경제에 대한 기사를 보고 주변을 탐색해야 한다. 부지런을 떨어야 한다. 사회 전반에 대한 공부는 부동산 공부와 통한다.

인생에서는 모든 것이 공부다. 사는 것도 인생 공부요. '어떻게 살아야 하나?' 고민하는 것도 인생 공부요. 의식주를 해결하는 것도 인생 공부요, 경제도 인생 공부요, 부동산도 인생 공부다. 인생에서 가장 어렵고 힘들다는 인생 공부는 계속 진행 중이다.

모르면 지고 알면 이기는 '나만의 아홉 가지 부동산 팁'

나는 자칭 타칭 '부동산 길라잡이'다. 우리 집안에서는 물론이고, 가까운 지인들 사이에서도 조금이라도 부동산과 관련된 일에는 나에게 조언을 구한다. 나는 그들에게 내 말은 참고만 하라고 전할 뿐 강권하거나 결론을 내려주지는 않는다. 부동산은 신중히 결정해야 할 사안이다. 큰 자산이 투입되는 데다가, 대다수의 사람들이 대출을 일으켜 실행하기 때문이다. 나의 부동산 투자는 신중 또 신중이다. 나에게 부동산을 물어오는 사람들에게 내가 알려주는 나만의 팁 아홉 가지를 소개한다.

발로 뛰어야 '진짜 정보'를 얻을 수 있다

부동산 지식을 얻으려면 발로 뛰어야 한다. 인터넷 정보란 것은 내 것이 아니라 모든 사람의 것이다. 진짜 정보란 나만의, 소수의 정보다. 그리고 그것이 힘을 발휘한다.

부동산 정책을 모르면 필패다

부동산 정책을 정확히 알아야 부동산 흐름을 읽고 나아갈 방향을 잡을 수 있다. 부동산은 고가의 돈을 담보로 하기 때문에 재산상의 손해도 감수해야 할 용기가 필요하다. 그래서 부동산 정책에 대한 이해와 공부는 선택이 아니라 필수다.

부동산 투자자라면 등기 정도는 혼자 칠 줄 알아야 한다

오늘날은 인터넷에 여러 분야의 지식이 오픈되어 있다. 등기 업무도 마찬가지다. 사람이 하는 일이기에 관심과 노력이 있다면 누구나 할 수 있는 일이다. 눈으로만 보는 지식은 의미 없다. 내가 직접 해봐야 진짜 아는 것이 된다. 그렇게 해서 얻은 지식이야말로 비로소 진짜 내 것, 나의 지식으로 삼을 수 있다.

하나의 정보는 열 가지 정보의 힌트가 된다

아는 만큼 보이는 세상이다. 스스로 정보를 파악해야 한다. 하나의 정보를 정확히 알면 열 가지 정보의 힌트를 얻을 수 있다. 사회, 정치, 경제 전반에 대한 뉴스를 듣고 기사를 읽어보자. 바쁘다면 헤드라인 기사라도 눈여겨보자. 정보를 선별할 수 있는 안목이 필요하다.

위기의 순간이 기회다

사회의 흐름을 놓치지 말아야 한다. 중요한 선택의 기회는 위기의 순간에 온다. 선택의 기회를 놓치지 않고 바로 선택할 수 있는 능력을 키워야 한다. 사람이 관심을 갖는다는 것은 어마어마한 힘을 발휘할 수 있다.

지인에게 물어보지 말고 국가에 물어보라

아리송한 문제를 어떻게 해결할 것인가? 사람들 간의 아는 지식은 한 끗 차이다. 부동산은 국가의 정책에 맞닿아 있다. 문의 사항이 있을 때는 국가에 물어보자. '국민신문고'는 국가의 정책에 대한 가장 정확한 답변처다. '국토교통부'에 문의해도 좋다. 이런 민원과 답변은 부동산 자료의 중요한 근거가 되며 나만의 중요한 정보처다.

대출 더욱 발품이 필요하다

대출이 필요하다면 두려워하지 말고 은행 문을 과감하게 두들겨라. 대출 신청도, 대출 상담 기술도 노하우다. 각 은행마다, 각 은행의 지점마다, 각 은행 지점의 직원마다 대출 상품, 대출 조건, 대출 금액이 다 다르다. 대출받을 때 발품을 많이 팔수록 더 좋은 조건의 대출을 받을 수 있다. 내 주머니를 덜 비워지게 하자.

머리에 윤활유를 칠해서 블링블링한 사고를 만들자

경제 공부든 부동산 공부든 오늘의 공부를 다음 날 다시 복습하자. 어제의 생각과 오늘의 생각과 내일의 생각은 달라지고 바뀔 수 있다. 모든 일을 미리 결론 짓지 말자. 사고란 관점에 따라, 사회의 현상에 따라, 내 마음먹기에 따라 달라질 수 있고 상황은 계속 변할 수 있다. 블링블링한 사고를 지닐 수 있게 머리에 윤활유를 칠하자.

부동산도 정신적 만족감이 중요하다

부동산을 성공적으로 취득할 때나 매도할 때 혹은 등기 업무나 양도소득세를 스스로 해결할 때 느끼는 자부심은 스스로에게 아직도 내가 쓸모 많은 사람이라는 증표가 되기도 한다. 작은 일부터 하나씩 스스로 도전하고 실천해보는 용기가 필요하다.

100세 시대, 내 노후는 내가 책임진다

노후의 문제는 IMF 세대, MZ 세대 불문한다

'IMF 세대'라는 말이 있다. 'IMF 세대'란 베이비붐 세대보다도 50여만 명 많은 최다 인구층이면서도 주목받지 못하고 잊힌 세대로 1966년~1974년생, 750만 명을 지칭한다. 이들은 20대의 좋은 청춘 시절, 대학 졸업, 군대 전역 그리고 사회에 제대로 안착하며 꽃을 피워야 할 때 IMF로 인해 제대로 꽃을 피우지 못하고 미취업, 감봉, 실직, 이직으로 인한 상대적 피해를 보았으며 고가의 집을 사면서 하우스푸어로 전락하기도 했다. 또 자녀들에게 사교육비가 많이 들어가서 허리가 휠 지경이라고 말하는 세대이기도 하다.

그리고 '버팀목 세대'라는 말도 많이 들어보았을 것이다. '버팀목 세대'란 부모와 아이들을 모두 부양하는 버팀목 역할을 하기 때문에 정작 본인의 노후 준비를 못 하고 은퇴를 맞는 세대를 말한다. 말만 들어도 안타깝다. 그런데 이런 세대가 어디 특정 세대에 국한된 게 아니라 현시대를 살아가는 우리 모두의 현실이라는 것이다. 우리 '노년'을 멀게만 인식하는데, 우리 눈앞에 와 있다는 점을 분명히 인식해야 한다. 요즘은 MZ 세대란 말이 핫하다. MZ 세대는 F 세대의 동생 세대 격인 밀레니얼 세대(1980년대 초~1990년대 중반)와 자식 세대 격인 Z 세대(1990년대 중반~2000년대 초)를 통칭하는 세대라 한다. MZ 세대는 디지털 환경에 익숙하고, 최신 트렌드와 남과 다른 이색적인 경험을 추구한다고 하는데 MZ 세대도 사회 전반에 걸쳐 여러 고민이 많은 듯하다. 나는 세대를 불문하고 모두의 고민인 우리의 노후에 대해 이야기하고 싶다.

누구나 노년은 있다

노년을 위한 준비는 참 막막하기도 하고 생각할수록 걱정이 커진다. 돈은 있다가도 없을 수 있고 없다가도 있을 수 있다. 하지만 앞으로 맞이할 노후는 무작정 열심히 일만 한다고 해서 무조건 해결될 수 있는 건 아니다. 삶이란 워낙 변수가 많으니까 말이다. 웃픈 현실은, 우리 모두가 알고는 있지만 바로 무언가를 준비하고 실행하기가 힘들다는 것이다. 우리는 늙을 예정이고 지금 이 순간도 늙어가는데, 바로 닥쳐올 노후에 대한 걱정과 그

대비를 하는 사람들보다 '먼 뒷일이야' 하며 현재에 파묻혀 사는 사람들이 더 많은 것 같다. 단순히 노후를 걱정만 하고 있다. 그러나 노후 대비 없는 걱정은 아예 안 하는 게 낫다. 현재의 상황까지 망쳐버릴 수 있다. 왜냐하면 현재까지 더욱 불안하게 만드니까 말이다. 걱정이란 미래에 대한 현실의 책임까지 동반해야 그 가치가 있다. 하지만 나이 들어감에 따라 경제력은 더 떨어질 것이고 시간이 갈수록 노후 준비는 더 어려워진다. '노년'이란 건 멀리 있는 게 아니다. 어느 한순간 내 앞에 다가올 현실이다. 나는 100세 시대를 위한 필수 요소를 일, 친구, 건강이라고 생각한다. 이 세 가지가 없으면 아무리 돈이 많아도, 자식이 많아도 만족스러운 노년을 보낼 수 없다고 확신한다.

100세 시대를 향한 노력 첫 번째, 일

내가 100세 시대의 필수 요소의 첫 번째로 '일'을 꼽는 이유는 단순하다. '일'이라는 건 노동이 아니라 '살아 있는 표시'라고 믿기 때문이다. 일을 육체적으로 고되고 힘든 '노동'이라고만 생각하지 않기를 바란다. 내 체력이 닿는 한 적당한 육체적 고됨은 나를 살아 있게 하고 숨 쉬게 하는 원동력이 될 수 있다.

게다가 일은 내가 '사회적 인간'으로서 존재하고 '그 힘을 보여주는 거울'이 될 수 있다. 일하면서 경제력에 보탬이 되면 더더욱 좋겠지만, 그게 아니더라도 진짜 자기가 몰두할 수 있는 일이 있어야 젊게 살 수 있고 생기 넘치게 살 수 있을 것이다.

나도 예전부터 결심한 게 있다. 80세의 연세에도 지금까지 일하시는 어머니를 보며, '나도 힘이 딸릴 때까지 계속 일해야지' 하고 생각했다. 일을 하면 에너지가 넘친다. 그러고 보면 노후 대비라는 것은 단지 재테크를 잘하고 연금을 잘 들어 두는 것만의 문제는 아닌 것 같다. 삶을 대하는 태도가 가장 중요한 것이 아닐까? 알 수 없는 미래지만, 그러기에 더욱 기대되는 미래일 수도 있다. 나는 나의 본업인 여행사 외에도 내가 할 수 있는 여러 가지 일에 관심이 많다. 나의 일뿐만 아니고 다른 사람들의 일도 유심히 지켜본다. 그러면 인생이란 내가 생각한 것보다 훨씬 다양하고 재미난 일도 많다는 걸 느끼게 된다. 나는 지금의 내 상황에도 만족하고 감사한다. 그러나 만족은 하되 만족으로 그치지는 않을 것이다. 계속 도전하고 싶다. 잘할 수 있는 일인 '여행사' 일을 즐기면서 여기에 플러스, '또 다른 무엇인가의 일'을 더하고 싶다. 그러면 조금 더 의미 있는 미래를 맞이할 수 있을 것이라는 믿음을 갖게 된다.

100세 시대를 향한 노력 두 번째, 친구

100세 시대를 준비하기 위한 필수 요소 두 번째는 '마음지기'들을 많이 만드는 것이다. 인생의 황혼기에 있어, 사람들은 '돈이 많은 부자'보다 '사람 많은 친구 부자'를 더 부러워하지 않을까?

나는 그럴 거 같다. 하지만 단순히 친구 몇 명을 이야기하는 게 아니다. 많은 친구도 중요하지만 나의 마음을 알아주고 이해해줄 수 있는 진짜 친구가 얼마나 되는가가 더 중요하다.

진정한 노후 대비는 마음을 나눌 수 있는 진실된 마음지기들을 많이 만드는 것이다. 노년에 같이 시간을 보낼 수 있는 동창들, 회사 동료들, 지인들과의 관계도 소중히 여기며 가꾸어나가야 한다. 그러려면 내가 먼저 지인들의 마음과 상처를 어루만져줄 수 있는, 그들의 진실된 마음지기가 되어야 하지 않을까? 마음이 가는 지인이 있거나 새로 생겼다면 그들에게 "네가 내 편이기보다 내가 먼저 네 편이 되어줄게!"라고 먼저 말해보는 건 어떨까 싶다. 어떤 이들은 쓸쓸한 마음을 해소하고자 반려견이나 반려묘를 키운다고 한다. 나는 그래도 '사람 친구에게 받는 정이 더 따뜻하지 않을까?' 싶다. 나는 의외로 소심한 부분이 있지만 앞으로 '마음지기들, 내 사람 만들기'에 조금 더 욕심을 부려야겠다는 결심을 하곤 한다.

100세 시대를 향한 노력 세 번째, 건강

100세 시대를 준비하는 세 번째는 어찌 보면 가장 기본적인 요소라 할 수 있는 '건강'이다. 노후를 위한 가장 중요한 준비는 건강이다. 건강이 있어야 그다음이 있다. 그리고 우리 인생에서 가장 중요한 건강을 챙기려면 '경제력이 필수'다.

건강하게 살려고 운동을 배우거나 취미생활을 하거나, 여행이나 여가 생활을 즐길 때도 경제력이 절대적으로 필요하다. 지인들과의 교류를 할 때도 마찬가지다. 병원에 다니거나 좋은 음식을 먹을 때도 물론 마찬가지다. 노년의 삶에서 “정신 건강과 육체 건강은 경제력의 힘이다”라고 말해도 손색이 없다. 이는 우리가 어제도 일했고 오늘도 일하며 내일도 일해야 할 이유이기도 하다. 사실 아직 젊은 나이에 100세 시대를 이야기하려니 감이 잘 오지 않고 마음만 무겁다. 그러면서 가끔씩 문득 떠오르는 생각은 나에게 있어 ‘100세 시대가 과연 행운일까? 아니면 불행일까?’다. 굳이 100세까지 살지 않고 80세까지만 산다면 그때까지 ‘내가 아이들 잘 키워 독립시키고 출가시키고 나의 여가를 누리며 여유로운 노년을 보낼 수 있을 것인가?’에 대한 불안한 마음도 아주 떨쳐버릴 순 없다. 일, 친구, 건강 모든 것들이 부드럽게 융화되며 삼박자가 잘 맞아서 톱니바퀴처럼 잘 움직여야 완벽한 노년이 될 텐데…. 나의 노년은 과연 몇 점짜리일까? 나의 인생에서 가장 어려운 숙제인 것만은 확실하다. 하지만 분명한 것은 상대를 알고 나를 알면 위태로울 일이 없다는 ‘지피지기 백전불태’ 정신이다. 노년을 그려보는 것만으로도 나는 노년을 대비할 수 있는 자세가 된 사람이라 믿는다. 건강도 돈도 우정도 미리 알고 대비하면 돌파할 수 있다는 사실도 더불어 믿는다. 머지않아 다가올 우리들의 노년을 위해 미리 박수와 응원을 보낸다.

6장

도전은
셀프다

가장 아름다운 도전은 '나의 도전'이다

박정빈, 내 이름 석 자로 스타트!

나는 현재 '박정빈'이란 이름으로 여행사 대표, 미시즈 모델, 봉사단체의 자문위원으로 활동 중이다. 또한 다이어터 홀릭으로 나의 건강 노하우를 TV 방송에 소개하며, 도움을 주는 사람이기도 하다.

나는 2017년부터 3년간 더할 나위 없이 신바람나는 시절을 보냈다. 사람이 바닥을 치고 그 바닥을 겪으면 그 반등으로 더욱 힘껏 일어날 수 있는 힘이 생긴다고 했던가? 그 시기의 나야말로 그러했다. 이때 나는 못할 일이 없었고, 뭐든 도전하고 싶었다. 평상시에는 느끼지도 생각지도 못한 힘이 나의 내면에서 끓어올라 넘치던 때였다.

이런 자신감은 나를 새로운 세상으로 이끌었다. 문득 TV를 보다 미시즈를 위한 미인대회가 있다는 것을 알게 되었다. '미스를 위한 미인대회만 있는 게 아니었구나!' 여행사를 운영 중이던 나는 바쁜 여름 성수기를 혹독히 치른 후 조금 여유로운 가을이 되니 문득 이전에 알게 된 미시즈 미인대회에 도전하고 싶어졌다. 무언가에 홀리듯 말이다. '나 같은 사람이 도전해도 될까' 하고 생각하니 혼자 헛웃음이 나왔다. 하지만 누구한테 혼날 일은 아니고 내가 못할 것도 없다는 생각이 들었다.

미스 미인대회는 진짜 이뻐야만 하는 대회지만, 미시즈 미인대회는 '경단녀(경력단절여성)'들의 제2의 인생에 대한 도전으로 비쳐졌다. 물론 나는 경단녀는 아니었지만, 새로운 세계에 대한 깊은 목마름이 있었다. 다이어트 성공 이후 몸도 마음도 자신감에 넘쳐나던 나는, 나의 습성대로 오래 고민하지 않았다. 물론 화장, 의상, 워킹 등은 그동안의 나의 관심사와는 거리가 멀었지만 그래서 더 재미있게 느껴졌다. 그러면서 나도 그동안 애써 외면하고 무시했던 나 자신을 보게 되었다. 나의 숨은 매력에 대해서도 뽐내고 싶었다. 나는 '미운 공주'라도 상관없었다. '미운 공주 엄마'도 좋았다.

진정한 미는 '자신감, 자신에 대한 사랑'에서 비롯된다는 것을 비로소 깨달았기 때문이다. 대회 도전까지는 엄마라는 타이틀을 잠시 내려놓고 오직 나에게 집중하고 싶었다. 40대가 되니 기존의 구태의연한 생각에서 벗어나 새롭고 재미있는 인생을 살고 싶다는 마음이 더욱 굳어졌다.

2018년 9월 29일, 생애 처음으로 '엔젤 퀸 콘테스트'라는 미시즈 미인대회에 출전했다. 내 나이 45세 때였다. 그리고 운 좋게도 거기서 2등을 했다. 오히려 당황한 건 나였다. 그 기쁨, 환희는 이루 다 설명하지 못하겠다. 나 스스로에 대한 위안을 받는 느낌이랄까? 칭찬도 질타도 받기 힘든 혼자만의 세상에서, 어느 누군가에게 인정받는 느낌이란 내 상상의 200%, 아니 1,000% 이상으로 다가왔다.

미시즈 미인대회에 정식으로 도전하다

첫 번째 대회가 내게 좋은 영향력을 준 덕분일까? 거기서 좋은 에너지와 힘을 받은 나는 2018년 11월 6일, 우리나라 미시즈 미인대회 중에서 가장 큰 미시즈 유니버스 코리아에 도전했다. 미시즈 대회는 기혼 여성의 무대이기 때문에 연령대는 20대 후반부터 50대까지 다양했다. 그래서 이 대회에서는 45세를 기준으로 그 이하는 미시즈 부문, 그 이후는 클래식 부문으로 나누어 대회를 진행했다. 첫 번째 대회나 두 번째 대회나 나의 대회 출전 사실을 사무실의 동료에게만 알렸다. 나 스스로도 경험해보지 못한 세계에 도전한다는 것 자체에 많은 용기가 필요했다. 그리고 주변 사람들의 시선에 견딜 용기는 더더욱 필요했다. 아이를 키우는 엄마로서, 그것도 학령기의 아이들을 둔 엄마로서 혹시 모를 불편한 시선이 신경이 쓰였기 때문이다. 대회를 준비하며 느낀 것은, '내가 참 내 관리에 무심했구나'였다.

나는 매일 바쁜 일과가 지속되었다. 하루를 나태하고 게으르게 보내면 이틀, 사흘을 고생하니, 아예 처음부터 긴장을 놓지 못했다. 이런 생활에서 좀 탈피하여 나만을 위한 시간을 갖고 싶었다. 대회 출전은 이런 의미에서 오로지 '나 자신만을 볼 수 있었던 시간, 나만을 위한 도전'이라 할 수 있었다.

나는 당당히 미시즈 유니버스 코리아에 출전해서 클래식 부문 1등을 했다. 그냥 길거리에서 볼 수 있는 평범한 아줌마였던 내가 미시즈 미인대회에 나가 상을 탔다는 사실이, 그것도 클래식 부문에서 1등을 했다는 사실이 너무나 감격스러웠다. 그러다 보니 모든 사람에게 감사하는 마음이 생겼다. 대회 주최자, 심사위원, 방청객 그 외 모르는 사람들에게까지도 감사했다. 1등했다고 소리 내어 말하고 싶었다. 소리 내어 외치고 싶었다. 마음은 그러했다. 무엇보다도 내가 마음먹고 도전한 것에서 성과를 냈다는 사실이 너무나 감격스러웠다.

나는 그날 이후 지인들에게 '새로운 일에 도전하는 일이 주는 기쁨'에 대해 자주 말하고 다닌다. 도전은 생각지도 못한 큰 의미를 삶에 가져다준다는 것을 도전을 하고 난 뒤에야 비로소 알았기 때문이다. 미시즈 미인대회는 내게 첫 출발점이었을 뿐이다. 다른 사람들은 저마다 각자의 취향에 맞게 마음에 드는 곳을 찾아 도전하면 된다. 내 주변 사람뿐 아니라 다른 이들도 저마다 지닌 성향과 취향, 성격에 맞게 많은 곳에서 새로운 기회를 찾는 기쁨을 누렸으면 좋겠다.

행운과 행복의 이름, 불가리아

미시즈 클래식 부문에서 1등을 한 나는 불가리아에서 열리는 세계 미시즈 클래식 유니버스에 참가할 자격을 얻었다. 규모는 작은 대회임을 확실히 밝혀두고 싶다. 그런데 대회 규모의 크고 작음이 무슨 의미인가? 단지 내 인생에 무슨 일이 일어나고 있느냐가 내겐 중요할 뿐이다.

나는 세계 미시즈 대회 출전에도 크게 고민하지 않았다. 생각하지 못한 새로운 세상에 대한 호기심을 충분히 누려보고 싶었다. '이번에 못 나가면 내년에는 다음 연도 1등 당선자가 나갈 것이다. 기회는 지금뿐이다!' 하는 생각이 들었다. 물론 세계 대회는 자비 출전이다. 세계 대회 출전을 경력으로 삼아 무엇을 도모하려는 욕심도 없었다. 나는 그냥 새로운 세계에 대한 호기심, 내가 경험해보지 못한 세계를 맘껏 즐기고 싶다는 마음뿐이었다.

나는 잠시 고민하다가 아이들도 같이 가기로 결정했다. 나도 물론이지만 아이들에게도 불가리아라는 나라를 보여주고 싶었다. 가기 싫다는 아이들을 힘겹게 설득했다. 그리하여 엄마, 박정빈의 세계 미시즈 대회 도전을 향한 불가리아 여정에 아이들도 동행하게 되었다. 여기에 친한 지인도 동참시켰다. 대회 이후 불가리아 여행을 계획하며 같이 추억을 나누고 싶은 이유도 컸다. 아이들 케어도 도움받고 혼자 해내기엔 벅찬 세계 미시즈 대회 도전에 대한 도움도 받고 일석삼조였다. 아이들에 대한 걱정도 줄어들고 지인까지 동행하니, 불가리아 방문에 대한 설렘은 최고조에 다다랐다.

본 무대를 위한 헤어와 메이크업을 직접 배웠다. 전통 의상 쇼, 재능 쇼를 대비해 약식으로 부채춤을 배우며 세계 미시즈 대회를 적극적으로 준비했다. 세계 대회 출전 전까지 눈코 뜰 새 없이 바쁜 나날이었지만 준비하는 과정까지도 너무 즐겁고 신기한 설렘의 나날을 보냈다.

2019년 1월 18일, 드디어 우리 네 명은 불가리아에 도착했다. 세계 미시즈 대회에서 만난 세계 각국의 참가자들은 내가 기존에 가지고 있던 미의 관점을 완전히 바꾸어놓았다. 미시즈 대회에서 표방하는 미의 기준은 '자신감'을 빼놓고 말할 수 없다는 것이다. 미인들은 너무나 많다. 하지만 미시즈는 미로서만 평가하는 게 아니다. '살아온 삶에 대한 자신감, 일에 대한 성취감, 스스로를 사랑하는 자기애' 등이 진짜로 '중년의 아름다움'을 대변하는 것임을 대회는 말해주고 있었다.

유럽에서 열리는 세계 미시즈 대회다 보니 유럽 참가국들이 대부분이었다. 아시아의 참가국은 싱가포르, 인도, 말레이시아였고 한국 대표는 바로 나였다. 한국에서 미스, 미시즈 통틀어 유럽에서 열리는 세계대회에 처음 참가한 사람은 나, '박정빈'이 처음이었다. 불가리아 대회장에서 만난 세계 각국의 참가자들은 한복을 입은 나에게 한국 영화의 한 장면을 보는 것 같다며 같이 사진을 찍자고 요청했다. 작은 세계대회였지만 그곳에서 대회 2등을 했다. 1등 러시아, 2등 한국, 3등 말레이시아 순이었다. 후에 말레이시아 신문에 난 내 얼굴을 보니 딴 사람인 듯한 착각이 들 정도였다.

여행사 대표로 20년을 근무한 나에게도 불가리아는 미지의 세계였다. 불가리아 여행 계획을 짜려니 정보가 너무나 부족했다. 어렵게 인터넷을 통해 현지에 살고 있는 '한국인 헬렌 부부'와 연락이 되었다. 대회가 끝난 후 헬렌 부부와 밤마다 맛있는 저녁을 먹으며 불가리아에 대해 다양한 이야기를 듣고 여행 도움도 많이 받았다. 그리고 한국인 배낭여행객의 도움으로 불가리아 스키장 방문까지 도전했다. 불가리아의 스키장은 '천연의 자연환경'을 간직한 아름다운 스키장으로 유명하다. 인심 좋고 사람 좋은 불가리아에서의 추억은 두고두고 잊지 못할 '내 인생의 햇살' 같은 상징적인 존재로 남아 있다.

불가리아가 내게 안겨준 교훈은 도전하는 자에게는 기회가 찾아온다는 것이었다. 멀고 낯설게만 느껴졌던 그 나라가 나에게 '방문의 기회'를 주었을 때, 나는 새로운 떨림과 기대를 갖고 그곳에 발을 디뎠다. 그리고 그 나라는 '온갖 빛나는 시간'들로 나를 맞아주었다. 도전이 '남는 장사'일 수밖에 없는 또 다른 이유가 여기에 있다.

나 자신과의 혹독했던 승부의 시간, ICN

불가리아에서 세계 미시즈 클래식 유니버스 대회를 마치고 우연히 이 대회에서 3등을 한 말레이시아 대표, 그녀의 페이스북을 보았다. 그녀는 '머슬 마니아'가 되어 있었다. 탄력 있는 몸과 활기찬 모습이 그렇게나 매력적으로 보일 수가 없었다.

'사실 미인대회란 화장 이쁘게 하고 이쁜 드레스 입으면 되지 않나?' 하던 내 고정관념이 한순간에 무너졌다. 내게 또 다른 도전의 순간이 오는 느낌이었다. 뭔가 더 강력한 것이 필요했다. 나를 더욱 채찍질하고 더욱 노력해서 더 큰 무언가를 이루고 싶어졌다. 근육을 만드는 것은 피 말리는 노력이 필요한 것이다. 하지만 그럴수록 나는 더욱더 호기심이 생겨났다. '이번에야말로 진정 도전다운 도전을 해보리라'. 너무 밑도 끝도 없었지만 머슬 대회에 도전하기로 마음먹었다.

2019년 5월 26일 송도에서 ICN 월드컵 내추럴 챔피언십 세계대회가 열린다는 소식을 접했다. 내게 남은 시간은 한 달 남짓. 나의 출전 소식을 듣고 주위 사람들은 모두 다 반대했다. 한 달

갖고는 아무것도 안 된다고, 몸이 만들어지지 않아 출전 자체가 힘들다고 만류하였다. 그러나 나는 확고했다. 나는 장타보다 단타에 강하다. 무조건 한 달 후에 있을 ICN 월드컵 내추럴 챔피언십 세계대회에 참가 하겠다고 선언하고 바로 훈련에 돌입했다. 하지만 시간이 너무 짧았다. 자는 시간을 줄여 운동할 수밖에 없었다. 주 7일 중 4일은 밤을 새워가며 운동했다. 여행사 업무도 실수 없이 해냈다. 아이들 학업에도 지장이 가지 않게 특히 노력했다. 오직 극기의 4주였다. 10분의 시간도 허투루 쓰지 않고자 노력했다.

나는 4주 동안 54kg이던 몸무게를 50kg까지 감량하고 근력을 키워 근육질 몸을 만들면서 새롭게 태어났다. 정말 열심히 운동했더니 10일 정도 후에 배에 삼(三) 자 복근이 그려졌다. 그리고 4주 후 대회 참가 무렵엔 가볍지만 왕(王) 자 복근도 새겨졌다.

'나를 옥죄는, 가혹한 나와의 승부의 시간'이었지만 나는 그 시간을 견뎌냈다. 그토록 아프고 힘들어서 절망했던 내가 이리 건강해졌음을 많은 이에게 보여주고 싶었다. 아니, 오히려 일반인들보다 더욱 건강해졌다고 자랑하고 싶었다. 그리고 이렇게 건강해진 나의 몸을 돋보이게 하고 싶었다. 건강이 많이 안 좋았던, 그래서 마음까지 힘들었던 나에 대한 보상 심리도 한몫했다. 나는 무엇보다 한계에 도전하고 싶었다. 그리고 나의 한계를 뛰어넘고 싶었다. 나는 ICN 월드컵 내추럴 챔피언십 세계대회에 4종목 출전해서 3관왕을 이루어냈다.

'아, 해냈어. 내가 이겼어.'

긴장과 떨림의 순간, 싱가포르

2019년 11월 8일, 나는 불가리아에서 열린 '2019 세계 미시즈 클래식 유니버스 2등'의 자격으로 싱가포르에서 열린 '2019 TKS 인터내셔널 대회 심사위원'으로 초대받았다. 외국의 미인대회에 심사위원으로 초대받는 일은 극히 힘든 일이다. 하지만 우연처럼 행운의 기회가 나에게 왔다. 당시의 경험은 나에겐 무척이나 생소하고 낯설었지만 지금도 그 떨림은 좋은 긴장으로 내게 남아 있다. 좀 덜 떨었더라면 현장의 상황을 훨씬 더 많이 즐기고 세계에서 온 많은 이들과 교류할 수 있었을 텐데 그러지 못한 점은 아쉬움으로 남는다. 하지만 그날의 그 시간, 그 장소가 준 생생한 경험들은 지금도 내 마음속에 온전히 남아 있다.

생명존중 캠페인의 홍보대사

내 인생에 있어 가장 의미있는 순간을 묻는다면 나는 단연코 '2019 생명존중 캠페인 홍보대사'로 활동한 것을 말하겠다. 나는 이름도 생소한 미시즈 미인대회에 도전장을 내민 경험과 산전·산후 우울증으로 힘든 시기를 겪으면서 발병한 메니에르병을 극복한 사연으로 보건복지부와 뉴스핌이 주체한 '2019 생명존중 캠페인'의 홍보대사로 활동하는 영광을 얻었다. 이때 사회의 비주류, 주변인으로 여기던 내가, 스스로 이 사회의 한 일원으로 다시 태어났음을 자부하며 작은 설렘을 느끼기도 했다. 이는 나에게 앞으로의 인생을 어떻게 살 것인가를 알려주는 신호탄이 되어주었다. 이런 귀중한 경험은 나를 또 다른 길로 인도했다. 나는 현재 작은 단체에서 소박한 봉사를 실천 중이다.

나는 건강 길라잡이다

앞에서 이야기했지만 나는 메니에르병을 극복하고 다이어트에 성공한 의지의 아줌마다. 나는 아침 건강 방송 작가님들의 섭외 3순위는 될 만큼 많은 프로그램에서 섭외 요청을 받고 있다. 하지만 개인 사정과 여러 가지 이유로 출연을 다 할 수는 없다. 만약 내게 다이어트 비결을 물어오는 사람이 있다면 나는 약물의 도움 없어도, 피트니스센터의 PT(개인 훈련) 없이도 일상생활 속에서 충분히 다이어트에 성공할 수 있다고 말해주고 싶다. 나는 사람들에게 이렇게 말하고 싶다.

"다이어트, 결코 어렵지 않습니다. 저처럼 병으로 비만이 된 분, 비만으로 병이 생기신 분 모두 노력만 한다면 이겨낼 수 있습니다. 시작하는 용기만 내면 됩니다. 지금 당장 시작하세요."

'아줌마'라는 말을 아시나요?

"Do you know Ajumma(아줌마라는 말을 아시나요?)"

〈연합뉴스〉 기사 중 "한국의 아줌마가 달라지고 있다"에는 다음과 같은 내용이 실려 있다.

> 프랑스의 세계언어사전에서는 '아줌마(ajumma)'를 '집에서 살림하는 40대 이상의 여자들로, 자녀를 다 키운 뒤 시간과 경제적 여유가 있어 높은 구매력을 가진 한국 특유의 집단'이라고 정의하고 있다.
>
> —구정모, "한국의 아줌마가 달라지고 있다", 〈연합뉴스〉, 2008. 4. 20.

우리는 실제 아줌마라는 말을 억세고, 자기 말만 하고, 남을 배려하지 않는 느낌으로 쓸 때가 많다. 그렇지만 우리 엄마와 언니가, 누나가, 동생과 와이프가 아줌마라는 사실을 잊지 말았으면 좋겠다. 프랑스에서 그 말의 뜻이 왜 한쪽 방향으로만 치우쳤는지는 그 단어가 표제어에 오른 90년대 대한민국의 사회적·문화적 배경을 별도로 살펴봐야 하겠지만, 2021년이 된 지금 아줌마의 의미는 30년 전보다는 아마 좀 더 긍정적이고 좀 더 복합적으로 변하지 않았을까 짐작한다. 그래도 여전히 변하지 않는 아줌마의 뜻이 있음을 기억하자. 바로 '깡, 기상, 패기, 그리고 용기와 도전'이다.

나는 예전에도 그랬지만 지금도 무슨 일을 시작하든 늘 '내 이름 석 자'를 생각한다. 내 이름 석 자에 새겨진 나의 경험과 도전으로 내 이름이 불리기를 원하며, '박 실장'이나 '○○ 엄마', '○○ 담당자'가 아닌 '박정빈'으로 불리기 위해 노력하고 있다. 남들은 그게 뭐 그리 중요하냐고 반문할지 모르지만 내게는 이것만큼 나의 도전 의지를 불러일으키는 요인도 없다. 왜냐하면 적어도 내게는 '도전은 셀프'고, 내 이름 석 자로 사는 것을 늘 잊지 않고 매 순간을 살고 싶으니까 말이다. 아름다운 그녀들이여, 각자의 이름 석 자에 아로새겨진 도전들이여, 언제나 늘 파이팅이다!

모든 도전은 점 하나에서 시작한다

새로운 기회를 찾아 점프

지금도 나를 잘 아는 지인들은 나에게 "요즘은 뭐해? 무슨 일을 벌이고 있어?"라고 자주 묻는다. 하물며 우리 아이들까지도 나한테, "엄마, 제발 이제는 일 좀 벌이지 마세요"라고 말할 때가 많은데, 이런 소리를 들을 때마다 나는 이렇게 대답한다.

"모든 것은 '점 하나'에서 시작해." 그러고는 이렇게 덧붙인다. "그러니까, 내가 아주 원대한 뭔가가 있거나 계획을 완벽하게 세워서 시작하는 사람이 아니라는 소리야!"

이 세상에 가장 어려운 것은 하고자 하는 마음을 먹는 것이고, 두 번째는 흰 도화지에 점 하나를 찍는 것이다. 그러면 일이라는 게 일사천리로 진행될 수 있다.

내가 했던 모든 도전은 '점 하나'로부터 시작됐다. 그리고 사소하지만 뭐든 시작하면 그게 출발이 되었다. 그리고 하나의 도전은 또 다른 도전으로 이어졌다. 이 책을 쓰는 2021년 현재, 나는 내 인생의 도박처럼 일생일대 '최대의 도전'을 실행 중이다. 그리고 이 도전은 절대 끝이 아니라 다음 도전의 준비 작업이기도 하다. 왜냐하면 지금 하는 도전의 성공을 목표로 하여 새로운 도전을 계획 중이기 때문이다. 이렇게 계속되는 나의 목표와 도전, 성공은 나에게 또다른 도전을 시작하게 할 것이다.

끊임없이 내가 도전하는 모습을 보며, "왜 그렇게 도전을 해?"라고 물으면, 나는 이렇게 답할 것이다. "나의 도전은 나에게 심장이 뛰고 있음을 느끼게 해주었고, 그로 인해 새로운 기회를 찾아 나서게 만들었다. 그리고 새로운 기회는 새로운 세상을 접하게 해주었고 그럴수록 나의 심장은 더욱 빠르게 뛰었고, 살아 있음을 매 순간 증명해주었다. 나는 이런 심장 떨림이 너무 좋다. 그로 인해 내가 훨씬 나은 사람으로 업그레이드됨을 느끼게 된다. 그러한 점이 좋아서 나는 앞으로도 도전을 계속할 것이다."

원대한 계획을 세우지 마라

그러면 도전하기 위한 사람이 되려면 어떻게 해야 할까? 나는 최우선 조건으로 '원대한' 계획을 세우지 않는 것이 '최적의 조건'이라고 생각한다.

나는 나의 모든 도전이 모두 '점 하나'에서 시작됐음을 다시 한 번 말하고 싶다. 어떠한 도전도 시작은 거창하지 않은 작은 점 하나일 뿐이다. 지금 도전하지 못하고 새로운 걸 시작하지 못해 "나는 왜 이럴까?" 하고 움츠러드는 사람들에게 말하고 싶다. "우선 점 하나만 찍어라. 점 하나만 찍으면 뭐든지 다 할 수 있다. 너무 원대한 꿈, 계획을 세우지 마라."

점 하나를 찍으면 작은 점 하나가 점점 커져 무언가가 될 것이다. 혹은 점 하나를 찍고 그 옆에 점 하나를 또 찍어 둘을 이으면 선이 되고 여러 개의 선이 합쳐지면 면이 되고, 색을 입히면 그림이 되고 작품이 되고 예술이 된다. 계획을 원대하게 세우고 일하려고 하면 오히려 아무것도 하지 못한다.

앞에서도 말했듯이, 나는 학창 시절 예체능을 못해 무척이나 소심한 아이였다. 그 시절 내게 너무나 힘들게 여겨졌던 것들에 대해 생각해보니 첫 번째는 너무 긴장했던 것, 두 번째는 너무 잘하려고 했던 것, 세 번째는 계획이 너무 거창했던 것이었다.

내가 마음먹고 시도하고자 했지만 실패한 것들의 대부분은 능력의 문제보다는 심리적인 문제가 더 컸다. 마음을 내려놓고 어느 정도' 욕심을 버리고 쉽고 단순한 것부터 계획을 세우고 실천하면 성공 확률은 아주 높다. 한 개를 하면 두 개를 할 수 있고, 열 개를 할 수 있다는 나의 신념과 맞닿아 있다. 그러니 도전은 쉬운 것부터 시작하자. 원대한 계획을 세우지 말자. 지키지도 못할 크고 거창한 계획은 그림의 떡일 뿐이다.

'집순이'는 되지 말자

도전하기 위한 사람이 되려면 먼저 집에서 되도록 멀리 떨어진 생활을 하라고 권하고 싶다. 온라인 세상이 되면서 '집순이'가 되어가는 사람들이 점점 늘어나고 있다. 그러나 '집순이'는 탈피해야 한다. 이건 '집순이'에 대한 비하가 아님을 확실히 말하고 시작하고 싶다.

집순이에서 탈피해야 하는 이유는 집에서는 생산적인 활동을 하기가 매우 어렵기 때문이다. 아무리 마음먹고 부지런을 떨려 해도, 집에만 있는 것은 사람을 나태하게 만든다. 세상사, 인간만사는 나가서 활동하며 사람들을 만나면서 이루어진다. 집에만 있으면 죽도 밥도 되지 않는다. 아예 행위가 이루어질 동기 자체가 없기 때문이다. 자신이 만약 집순이라고 생각하는 사람들이 있다면 그분들에게 이 말 한마디는 꼭 해주고 싶다. "일단 하루에 한 시간씩은 무조건 밖에 나가라. 만일 그게 힘들면 하루에 한 번씩은 반드시 바깥공기를 쐬고 들어오라."

약속이 없어도 동네 한 바퀴를 돌거나 가까운 곳의 공원이라도 걸어보자. 코로나19로 인해 여행사 일이 힘들어져서 집에 있는 시간이 많아지다 보니 나도 어느새 집순이가 되어버렸다. 그래서 집순이의 심정을 이해할 수 있었다.

집에만 있으니까 밖에 나가는 일이 귀찮게 느껴지고 '내일 나가야지' 하는 생각만 들었다. 그러다 보니 나가는 횟수가 줄어들면서 더욱 집에만 있게 되는 악순환이 이어졌다. 그러면서 집에만 있는 것이 습관이 된다는 걸 경험했다. 그리고 중요한 또 한 가지는, 이러면 아무것도 안 된다는 것을 확실하게 느꼈다. 예전에 느끼던 우울증이 다시 올 것 같았다.

나는 집순이들에게 세상살이, 인간관계를 머리로만 하지 말고 직접 밖으로 나가 몸으로 겪으라고 말하고 싶다. 그러면 그렇게 어렵게 느끼던 일들도 하나의 실타래가 풀리듯 풀릴 수 있어 우리가 기대하지 못한 새로운 기회가 올 수도 있다. 더욱 중요한 건 생활의 활력을 얻으며 보람을 느낄 수도 있다. 그리고 스스로가 자긍심을 느낄 수 있는 일을 찾으면 더욱 좋다. 성공하며 기뻐하는 나 자신을 상상하며 나에 대한 스스로의 자긍심, 흐뭇함, 만족감을 키워보자. 우선 이불 밖으로 나가라. '이불 밖은 위험해'가 아니라 '이불 밖은 안전해'라고 생각해보자.

지금도 내 아이디는 '72kg 아줌마 박정빈'이다

내 도전의 점 하나는 '72kg 아줌마'로부터 시작됐다. 그때의 나는 아프고 무력했다. 내가 할 수 있는 게 별로 없다는 생각뿐이었다. 그때 나는 단순히 걷기를 시작했다. 동네를 한 바퀴, 두

바퀴 걷다가 좀 더 멀리 걷게 되었다. 그러다 청계천이 생각났다. 회사 근처의 청계천, 점심 식사 후 커피 한 잔 들고 거닐던 청계천, 퇴근 후 친구와 동료와 이야기 나누며 거닐던 청계천. 나에게 청계천이란 내 마음의 작은 안식처 같은 공간이었다.

그렇게 나의 걷기는 청계천 끝자락에서 시작됐다. 이번엔 기존과 역으로 집에서부터 청계천까지 걸어보기로 마음먹었다. 걷기로 마음먹었으나 그 거리가 너무 멀게만 느껴졌다. 그런데 그건 내 마음의 거리일 뿐, 내 몸이 얼마나 멀게 느낄지는 모르는 거다. 내가 어디까지 걸을 수 있나 시험해보고 싶었다. 나는 무작정 걷기보다 고지를 정하여 걷기로 했다.

첫 번째 고지는 왕십리 이마트였다. 신답역에서 걷기 시작하여 왕십리 이마트까지, 마음의 거리가 너무 멀게 느껴졌다. 하지만 첫 번째 고지부터 '실패'할 수는 없다. 있는 힘을 다해 왕십리 이마트까지 걸었다. 성공이었다. 첫 번째 고지에 도착하니 '욕심'이 생겼다. 그 욕심이 나의 몸을 움직이게 했다. 계속 앞으로 나아갔다. 두 번째 고지인 동대문 종합시장을 향하여 말이다. 마음먹었다지만, 마음먹은 대로 모든 걸 실행에 옮기고, 또 그것을 성공하기란 쉽지 않다. 하지만 아까웠다. 힘을 더 내보고 싶었다. 마음을 다독이며 걸었다.

두 번째 고지인 동대문 종합 시장까지 도착했다. '오늘은 이만해도 괜찮을 거야' 하는 생각이 들었다. 그런데 내 마음은 다르게 소리쳤다. '뭐야, 오늘 이대로 끝내면 내일도 여기까지 오고, 모레도 여기까지 오고 그만둘 거야. 이대로 관둬서는 안 돼. 야, 박정빈! 이게 너의 최대치야? 이게 너의 최대치냐고? 너 아직 힘이 남아 있잖아. 남아 있는 힘을 모두 다 빼더라도 너의 최대치를 이끌어내보라고!'

세 번째 고지인 신한은행 본점을 향해 걷기 시작했다. 걷다 보니 저 멀리 검은색 건물의 신한은행 본점 꼭대기가 보였다. '아, 보인다 보여!' 그 꼭대기 하나만을 보며 걸었다. 작게만 보이던 건물이 점차 커졌다. 그러면서 알 수 없는 내 마음의 희열도 커져갔다. 세 번째 고지인 신한은행 본점까지 도착했다. 숨을 크게 내쉬었다. 눈을 크게 떴다. 그리고 파란 하늘을 쳐다보았다.

아, 가능했다. 뭐든 결심하고 실행하고 마음만 먹으면 안 되는 건 없다는 걸 알았다. 안 되는 건 마음이 없어서였다는 걸 알았고 안 된다고 마음먹은 그것이 나를 안 되게 한다는 걸 알았다. 안 된다는 건 내 마음뿐이었다. 이때 이후로 나는 걷기로 출퇴근을 하게 되고, 근력이 붙어 몸도 마음도 건강의 청신호가 켜졌다.

나는 건강해진 지금도 '72kg' 아줌마로 온갖 병과 우울증을 달고 살던 '박정빈'을 항상 기억한다. 절대 그 시절로 돌아가고 싶지 않기 때문이다. 그렇지만 나는 그 시절을 절대로 부정하지 않는다. 왜냐하면 내가 스스로 많은 걸 포기하고 있을 때 나 자신을 각성하고 새로운 도전을 시작하게 되었기 때문이다. 그러한 도전과 노력 그리고 그로 인한 성공이 있었기에 나는 앞으로도 계속 도전을 실행할 수 있는 힘을 가진 사람이 될 수 있었다.

나는 지금도 힘들 때면 옛일을 생각하며, 웃으며 스스로를 다독이려 노력한다. 그래서 지금도 내 아이디는 '72kg 아줌마 박정빈'이다. 도전을 멈추지 않는 사람이 되려면, 멈추어 서 있었던 지난날을 잊지 않는 일이 필요하다.

늘 도전할 것을 찾아라

나도 이전엔 '도전'이란 말이 너무 거창하고 멀게 느껴졌다. 하지만 도전이란 것은 그리 어려운 게 아니다. 도전할 것은 우리 주변 도처에 널려 있다. 도전하는 삶을 살기 위해서는 우선 본인의 능력과 성향, 취향, 성격을 스스로 잘 파악해야 한다. 그리고 거기에 맞게 늘 도전할 '거리'를 부지런히 찾으면 된다.

만약 도전을 시작하고자 할 때 주저함을 느끼는 것이 걱정이라면 걱정하지 마라. 그런 걱정은 백이면 백 다 하는 보편적인 걱정이니까. 용기가 있다면 주저함의 정도는 희석된다. 그러니 용기는 장착하고 걱정은 버리자. 도전 정신이 강한 사람과 도전 정신이 약한 사람은 결과에서 많은 차이가 난다. 주저하지도 말고, 걱정하지도 말고, 겁먹지도 말자. 실패하면 다시 도전하면 되고, 목표가 너무 높아 실패했다면 그 목표를 낮게 수정하여 다시 도전하면 된다. 도전은 '도전했다는 사실' 자체에 '무게중심'

이 실린다. 과정도 중요하고 결과도 무시하지 못하지만, 도전이야말로 시작점이 가장 중요하다. “시작이 반이다”라는 말도 있듯이 말이다. 그러므로 나의 도전은 앞으로도 계속될 것이다. 나는 지금 나의 제3의 인생을 향해 달려가고 있다. 나의 제1의 인생은 태어나면서 ‘엄마’가 열어주셨고 나의 제2의 인생은 성년이 되어 ‘박정빈’으로 살았던 시간이 열어주었다.

나의 제3의 인생은 내가 지금 쓰는 이 책을 기점으로 ‘새로운 도전을 시작한 지금 이 순간’이다. 인생에는 단계가 있고 도약이 있다. 나는 내 인생에서 한 단계 도약을 준비하고 있다. 하지만 인생에서 나한테만 행운의 여신이 미소 지을 거라고는 생각하지 않는다. 내가 하는 모든 도전의 결과가 좋을 순 없다는 걸 잘 알고 있다. 하지만 그 결과에 일희일비하지 않을 것이다. 내가 원하는 결과가 나오지 않더라도 변화하고 발전할 수 있도록 계속 노력하는 시도만은 그치지 않을 것이다.

능력 없고 욕심만 많은 도전은 재앙이다

130만 원이 적다고?

이전에 이런 일이 있었다. 아는 후배 중에 똑똑한 후배가 있었는데, 그 후배가 40대 초반이었을 때의 일이다. 그 후배는 아이들이 어느 정도 커서 직장에 다시 나가려고 마음먹고 있었고, 나한테 그 고민을 털어놓았다. 후배의 고민은 첫술에 배부르려고 하는 것이 원인이었다. 자기가 10년 이상 경력이 단절된 상태인 사실은 생각조차 못하고 그래도 연봉 3,500만 원 이상은 받아야 하는데 그럴 만한 직상이 잘 없다는 것이었다. 정말 현실 인식을 '제대로' 못하고 있었다. 나는 속으로 '정말 욕심만 많다' 하고 느꼈다. '너무 오래 쉬어서 현실 감각이 이리 떨어졌구나' 싶었다.

나는 계속 여행사를 운영하고 있었기에 직원 연봉에 관심이 많을 수밖에 없었다. 당시 우리 여행사뿐만 아니라 옆 사무실에 있던 회사의 10년 차 직원의 연봉도 3,500만 원 될까 말까 했는데, 10년이라는 세월을 쉬고 있던 후배가 10년의 세월을 점프해서 그 이상을 받아야 한다고 하니, 현실감 제로였다.

후배는 일자리를 계속 알아보는데도 마음에 드는 일자리가 없는지 계속 쉬고 있었다. 그러다가 집과 가까운 곳에 위치한 작은 사무실에 자리가 났는데, 급여는 130만 원, 근무 시간은 오전 9시부터 오후 4시까지였다. 사장님과 후배 둘뿐이라 사무실의 모든 것을 후배가 해야 하는 조건이었다. 그래 봤자 하는 일이라고는 사무실 관리와 전화받기가 전부인 데다가 7시간만 일하면 저녁에는 아이들을 돌볼 수 있는 시간도 충분해서 내가 보기엔 괜찮은 정도가 아니라 아주 좋은 자리라고 느껴졌다. 하지만 후배의 입장에서 '나 같은 능력자가 이런 일을 어떻게 해?'라고 생각한건지, 본인의 성에 차지 않아서인지 아니면 용기가 부족해서인지 그 취업 자리를 거절했다고 한다. 그리고 얼마 전에 통화를 했는데 아직까지 일을 시작하지 못하고 있다고 했다.

그래도 그때는 지금처럼 경기가 아주 나쁘지 않아서 취업의 문이 조금은 열려 있었다. 하지만 장기화된 코로나19 사태로 인해 경기는 더욱 나빠지고, 경단녀는 물론 젊은 사람들의 취업과 아르바이트 자리조차도 구하기가 힘들어진 것은 누구나 아는 사실이다. 단정은 못 하지만 지금 같은 불경기에 10년 이상의 경단녀에게 월 130만 원은커녕 월 100만 원의 자리도 쉽지 않을 것이다. 후배는 이전의 좋은 취업 자리를 포기한 것에 대해 마음 깊이 후회하고 있었다. 그때의 나는 후배의 마음이 상할까 봐 대놓고 이야기를 못해주었다.

기회란 주어졌을 때 무조건 잡아야 하는 것이다. 그래야 다음이 있다. 본인의 마음에 들든, 조금 덜 들든 뭐든 시작을 해서 기회를 충실하게 나의 것으로 만들면, 더 나은 기회가 찾아오기 마련이다. 현실을 인지하지 못하고 자기의 눈높이를 낮추지 않으면 도전의 기회는 찾아오지 않는다.

세상에 빈 돈은 없다

아주 가까운 지인이 있다. 이 지인 또한 코로나19로 인해 여행사 운영을 못 하고 있지만, 상황이 좋아지면 다시 여행업을 하려고 계획중이다. 하지만 마냥 기다릴 처지가 아니라며, 아이들 학비에 조금이나마 보탬이 되고자 일자리를 많이 알아봤다고 했다. 그러면서 우연히 학교 방역 관련 일을 시작했다. 하루 6시간에 120만 원이라고 하는데, 본인은 그나마 다행이라고 너무 좋아했다. 지금 같은 불경기에 놀지 않고 일할 수 있다는 사실에 감사하다고 했다.

"사무실에서 내근직만 하다가 학교 방역하는 일을 하려니 힘들겠어요?"라고 물으니, "진짜, 너무 힘들어! 노동이라고 함부로 나서면 안 되겠더라. 사실 노동을 좀 우습게 봤는데, 진짜 온 힘을 다 써야 할 수 있는 일이더라고, 그래도 이렇게나마 일할 수 있어서 나는 좋아. 그리고 '그동안 내가 편하게 일했구나 기존에 내가 했던 일이 이리 좋은 일이었구나 하고 느끼니 내 일에 더 애착이 생기네"라고 기쁜 마음을 담은 대답이 돌아왔다.

그러고 나서 그분은 덧붙였다. "아 그리고 이 세상에 빈 돈은 없어!" 그분이 표현한 '빈 돈은 없다'라는 말이 세상에 공짜돈은 없다는 말보다 더 강력히 내 귀에 꽂혔다. "그렇지만 스트레스 덜 받는 노동이 어떻게 보면 좋기도 해. 지금은 운동 삼아 일한다는 마음으로 일하지만 말이야. 그리고 하루 종일 일하지 않고 짧은 시간만 일하는데 아주 금상첨화야"라며 웃는 그분을 보니 내 마음까지 환해진다. 당연 해피 바이러스다. 스스로 이렇게 만족하는 모습을 보니, 나도 덩달아 기분이 좋아졌다.

눈높이를 높이 두고 자기 상황보다는 욕심이 앞섰던 후배와 작고 사소한 일일지라도 감사히, 지금 있는 조건에서 열심히 하는 사람의 1년 뒤는 많이 다를 것이다. 전자는 도전을 하기까지 여전히 요원한 상태고, 후자는 아마 1년 뒤 새로운 도전을 시도할지도 모른다. 이 작은 차이가 나는 매우 중요하다고 생각한다. 능력을 갖추기도 전에 욕심을 내세우는 것과 능력을 갖출 때까지 숨고르기를 하는 사람의 차이라고 할까.

불판이라도 날라볼까?

나도 2019년 겨울에 갱년기가 왔는지 아주 극심한 우울증을 다시 한번 앓았다. 친구도 만나보고 여행도 가보고 했으나, 여전히 허전한 마음을 달래기가 힘들었다. 그런데, 갑자기 어머니께서 이전에 나한테 해주셨던 말이 기억이 났다.

"요즘 사람들은 고생을 몰라. 너무 편하게 사니까 배고픈 게 뭔지를 몰라."

그럼, 내가 지금 배가 불러서, 고생을 몰라서 우울증이 왔다는 건가? 그건 아니지. 여러 생각으로 머리와 마음 모두가 복잡했던 차에 지인과 통화를 하며 수다를 떨게 되었다. 지인이 고깃집을 오픈했는데 일손이 부족하고 여러 가지로 힘들다고 하소연을 해왔다. 갑자기 머리에 번쩍하는 생각이 들어 지인에게 다시 전화를 했다. "내가 가서 좀 도와줄까? 돈은 괜찮아. 방해되지 않도록 노력할 거니까. 아무 일이나 시켜."

나는 아르바이트도 백화점 세일즈, 커피숍 서빙 등 몸으로 뛰는 일만 해왔기에 몸으로 부딪히는 일은 어느 정도 자신 있다고 생각했다. 그렇지만 고깃집의 불판을 나르는 일은 너무나 생소했다. '일에 귀천이 있나? 얼마나 힘든 일일까?' 한번 해보자는 오기가 생겼다. 물론 초짜였고 정식으로 일하러 온 게 아니라 도와주러 온 것이기 때문에 많이 봐주면서 일한 건 사실이다. 하지만 생각보다 쉽지 않았다.

일을 시작한 첫날은 몸이 부서져라 아팠다. 밤새 끙끙 앓으면서 자는 동안에도 내내, 내 머릿속에서는 내일 또 나가야 하나? 말아야 하나 갈팡질팡 생각만 맴돌았다. 자면서 밤새 고민했다. 하지만 아침에 눈을 떠서 집안일하고 아무 일 없다는 듯이 지인의 고깃집으로 불판을 나르러 갔다. 첫째 날보다는 둘째 날이 덜 힘들고, 셋째 날보다는 넷째 날이 덜 어려워졌다. 시간이 지남에 따라 점차 고깃집의 불판 나르는 일도 조금씩 적응이 되어가니 어느새 금방 약속한 10일이 되었다. 중간에 그만두지 않고 약속한 10일은 다 채웠다는 사실이 가장 기뻤다.

"성실한 노동은 위대하다. 성실한 땀은 진짜다" 하는 말은 공감되지 않았다. 현실이니까 하는 거고, 약속이니까 하는 거다. 내가 한 말이어서 지킬 뿐이었다는 게 내 솔직한 심정이다. 그러면서도 한편으론 '다른 사람들도 다 이렇게 노력하고 사는구나' 싶었다. 실제 삶의 체험 현장을 가보니 내가 우울한 건 아무것도 아니었다는 걸 깨달았다. 사실 내가 욕심만 많아서 우울증에 걸렸다는 사실을 인정할 수밖에 없었다. 어쨌든 다시금 나에게 '삶에 대한 진지한 마음'이 생긴 것이 가장 큰 수확이었다.

일하는 와중에 마시는 한잔의 믹스커피, 일이 다 끝난 후에 마시는 한잔의 맥주가 나의 피로를 싹 씻어주었지만, 노동이란 건 쉽게 적응되는 게 아니었다. '난 뭐든지 다 할 수 있어'라고 장담한 것 또한 조용히 반성했다.

하지만 이때 나에 대한, 내 인생의 돌파구에 대한 작은 답을 얻었다. 그리고 내가 나아갈 바를 깨달았다. '다시금 일어서자. 내가 잘할 수 있는 일을 찾아보자. 내가 하고 싶은 일을 해보자. 비록 능력이 안 되고 부족하더라도 그 결과에 일희일비하지 말고 마지막 나의 도전에 온 힘을 불어넣자'는 나의 마음이 굳어졌다. 나는 작은 용기를 얻을 수 있었다.

다시 긍정의 아이콘으로

고깃집 일을 하고 일주일이 지난 후, 나는 진짜로 글쓰기에 도전했다. 내가 이전부터 열망하고 도전하고 싶었지만 너무나도 높은 산인지라 도전 자체가 말이 안 된다고 느꼈던 바로 글쓰기 말이다.

글이란 게 쓰라고 해서 쓸 수 있는 게 아니다. 글을 쓸 수 있는 마음가짐과 소양을 갖추어야 할 수 있는 일인데, 나는 그때까지 나의 마음가짐과 소양이 잘 갖추어지지 않았다. 물론 글쓰기 실력도 부족했다. 하지만 10일간의 고된 노동은 나를 다시 '긍정의 아이콘'으로 바꾸어놓았다. 이 세상 모든 일은 다 의미가 있음을 다시금 느끼고, 참된 노동의 가치를 깨달은 경험은 나에게 깊은 울림을 주었다.

코로나19로 시름이 깊어진 지금도 가끔 그때를 생각한다. 너무나 짧은 기간, 10일을 너무 확대 해석하고 의미를 부여한다고 말할지도 모르겠다. 하지만 나에게 혼돈의 40대를 어떻게 헤쳐 나가야 할지를 조금이나마 알려주는, 어두운 밤을 비추는 환한 등대와도 같은 시간이었다. 그로써 훨씬 가벼워진 나의 마음을 느낄 수 있었다.

내 욕심의 끝은 어디인가?

그렇게 나는 불판을 나르다가 진정으로 정신 차리고 노동의 참 의미를 깨달으며 겸허한 마음으로 글을 쓰고 있다. 글을 쓰는 작업이 쉽지 않다. 아니 어렵고 괴롭다. 하지만 그것을 뛰어넘어 한 자 한 자 완성하며 또, 한 장 한 장 완성해나가는 재미가 너무 황송하다고까지 느껴지기도 했다. 이 재미는 내가 경험해본 것 중에 백미(白眉)라 할 수 있다.

그런데 문제는 글을 쓰다 보니 욕심이 너무 많이 생겨버려서 여기서 또 욕심을 부리고 있었다. 나의 일생일대의 첫 번째 책이어서 그런가 보다. 나는 지금 너무나 큰 산처럼 영광스러운 마음을 가지고 글쓰기에 과몰입 중이다. 글을 쓰느라 아이들에게 소홀해진 부분도 있다. 하지만 글이 생각처럼 잘 안 나온다. 힘들다고 토로하면서도 내 머리는 다른 말을 하고 있다. '베스트셀러, 올해의 책!' 아뿔싸! 내가 어느 순간 베스트셀러를 꿈꾸고 있었다. '나는 왜 또 베스트셀러를 꿈꾸고 있는가?' 나도 모르게 실소가 터져 나온다. 너무 부끄럽다. 능력은 없는데 욕심만 많은 게 재앙이다. 인간의 욕심이, 내 욕심이란 것이, 저 하늘 끝 아니 이 은하계를 뚫고 우주로 향하고 있었다.

한여름 밤의 꿈처럼 나는 오늘도 꿈을 꾼다. 어떤 날은 베스트셀러가 되는 꿈을 꾸고 어떤 날은 '누가 내 책을 읽으랴' 하고 푸념한다. '베스트셀러'가 되는 날은 뭉게뭉게 구름 길을 걸으며 웃고 있고, '내 주제에 무슨' 하며 자책하는 날은 하루가 시무룩해진다.

하지만 그러니까 인간이다. 인간이니까 욕심을 부리고 있는 게 아닐까? 나는 욕심을 부리더라도 제자리로 돌아오려고 마음먹곤 한다. 내 처지를 자꾸 확인하면서 현실 인식을 하려고 노력하고 있다. 지금 나에게 그 후배가 예전의 조언을 다시 구한다면 그때처럼 아무 말 못하고 가만히 있지 않고, "야, 너 정신 차려!"라고 얘기해주겠다. 그때는 내가 이런 깨달음이 없어서 후배 이야기만 듣고 속으로만 '야, 너 너무 욕심만 많은 거 아니야?'라고 했는데, 이제는 당당히 말할 수 있다.

"욕심을 버리고 현실을 봐. 현실에 맞는 도전을 하라고. 능력이 없어 능력을 키운다고? 시간이 많아? 능력을 언제 키우니? 도전하면서 능력을 키워. 지금 만족하지 못해도 경력이 쌓이고 성공 경험이 쌓이면 기회는 또 오는 거야. 계속 도전해."

나는 누구에게나 도전을 하라고 말하고 싶다. 그리고 시작한 도전은 결과와 상관없이 무조건 끝을 보라고 말하고 싶다. 그런데 처음부터 도전의 기준을 너무 높이 잡아선 안 된다. 욕심을 낮추고 능력을 키우자. 능력을 키울 시간이 없다면 도전하면서 동시에 능력을 키워야 한다. 도전도 단계가 있다. 한 단계, 두 단계 올라가다 보면 고지는 분명히 드러나게 마련이다.

나를 가리키는 네 가지 수식어

아직 중간고사의 채점이 시작되지 않았다

나는 지금 내 인생의 중간고사를 치르는 중이다. 모든 시험이 그러하듯이, 나는 지금 이 순간이 너무 힘들다. 이 중간고사에 너무 많은 열정을 쏟아부었나 보다. 원래 시험이란 게 그렇지 않나? 비록 지금 힘들고 탈진된 상태지만 막바지에 접어든 이 중간고사를 포기하지 않고 온 힘을 다해 매달릴 것이다.

물론 아직 중간고사 채점을 시작하지 못했다. 중간고사 점수가 좋지 않을 수도 있지만 나는 그 결과를 겸허히 받아들일 것이다. 우리의 인생이란 것이 정답이라 생각했던 부분이 오답으로 표기되고 오답으로 여기던 부분이 정답이 될 수 있기 때문이다. 성적 결과가 나온다 하더라도 오답이면 다음에는 그걸 안 틀리면 되는 것이고, 정답이면 그것을 한 번 더 숙지하고 넘어가면 된다. 인생에서 치르는 중간고사는 참 재미있다. 그리고 사실 주관식 문제는 너무 애매하다. 내가 치르는 중간고사에서 주관식은 정답을 몰라 조금 열릴 결말로 놔두고 가는 중이다.

인생에 있어 경제력이 중요하다지만 정신력은 더더욱 중요하다. 정신력과의 싸움에서 이길 때 나는 진정한 승자가 될 것이다. 앞으로 남은 기말고사에서도 물론 만점은 기대도 안 하지만 중간고사의 경험을 바탕으로 좀 더 우수한 성적을 내도록 노력할 것이다. 내가 여태까지 중간고사를 치르면서 인생에서 중요하게 여긴 키워드는 네 가지다. 바로 '노스킵, 에지, 스타일, 밸런스'다. 이 네 가지 단어는 내가 도전하는 인생을 사는 데 아주 중요한 키워드가 될 뿐만 아니라 내 삶의 전반을 수식하는 핵심 단어이기도 하다.

노스킵(no-skip), 스킵하는 인생은 싫다

스킵의 사전적 의미는 "주어진 작업을 무시하여 수행하지 않고 곧바로 다음 작업을 수행하는 행위'다. 따라서 일상생활에서 "그건 그냥 스킵해"라고 할 때는 대개 무시하고 넘기거나 제대로 하지 않는다는 것을 의미한다.

내 나이쯤 되면 중년의 위기를 말하는 사람들이 많다. 나 또한 그 사람들 중 하나다. 중년의 위기를 제2의 사춘기, 사십춘기라 일컫기도 한다. 이는 '나의 청춘이 이렇게 저물어가나?' 하는 아쉬움과 안타까움. 이룬 게 없는 것 같은 상실감, 허무함, 자괴감. 불투명한 미래에 대한 불안감 등이 원인일 수 있다. 이는 자존감의 상실로 이어져 우울증 등을 겪게 하기도 한다. 그런데 내가 세상을 살다 보니 어느 순간, 나는 나 스스로를 스킵하며 살고 있었다. 누가 시키지도 않았는데 말이다. 본인이 스스로 선택한 스킵으로 인한 결과로 더욱 큰 중년의 위기가 찾아오지 않을까 싶다.

"인간의 생활과 삶이란 것이 나만의 것이 아니라 가정이 있고 가족이 있으니 어쩔 수 없다"고도 말한다. 그렇지만 인생이란 각자 본인의 몫이고, 각자의 인생 결과표가 있게 마련이다. 중년의 우울증을 여자, 남자의 문제로 구분 짓고 싶지 않다. 이는 우리 중년 모두의 문제로 받아들여야 한다. 우리가 우리의 인생을 펼쳐놓고, 긴 안목으로 내가 나를 사랑하는 방법을 찾고, 내가 나의 인생을 즐길 수 있는 과정을 터득해야 한다. 모든 것은 스스로 해야 하는 것이다. 물론 여러 장애물과 가림막이 있어도 넘어설 수 있는 '굳건한 심장'이 필요하다. 스스로의 한계를 스스로 극복해나갈 수 있는 힘이 길러지기를 바라는 심정이다. 그래서 나는 늘 나 스스로를 문제의 중심에 놓고 생각하고 판단한다. 스킵은 거절하겠다. 그것이 내가 나를 지키는 첫 번째 신조다.

에지(edge) 있게 살자

나는 '생활 테러리스트'다. 일상생활에서 '중구난방'으로 생활한다는 뜻이다. 이전엔 정말 안 그랬는데, 이제는 아예 대놓고 마구잡이로 어질러놓거나 생활 자체도 마구잡이로 '프리'하게 하는 편이다. 그렇지만 나는 나만의 생활 패턴이 있다고 확신한다. 그냥 평범하게 사는 것에 조금 싫증이 났을 뿐이다. 나도 나다운 것이 뭔지 잘 모르지만 그냥 나만의 방식으로 살아가고 싶을 뿐이다. 에지 있는 삶, 각이 있는 삶, 포인트가 있는 삶이 나의 목표다. 가늘고 길게 사는 게 아니라 각을 잡고 유니크하게, 보다 에지 있게 말이다. 사람들은 평범함을 싫어하면서도 동시에 평범함을 동경하고 추구한다. 또 평범함의 기준에 들어가려고 애써 노력하기도 한다. 그럼 우리가 생각하는 평범함의 기준은 어느 정도일까?

서울에 30평대 아파트가 있고, 인물도 어디 가서 빠지지 않을 정도는 되어야 하고, 자녀들은 적어도 인서울의 중위권 대학 이상은 다녀야 한다. 그리고 본인들의 여가 생활에 돈을 아끼지 않으며, 품위 유지할 수 있는 정도의 수준은 되어야 한다. 그런데 살다 보니 이 모든 조건을 빠짐없이 다 채우기는 쉽지 않다는 걸 깨달게 된다. 나이가 들어가고 생활에 연륜이 쌓이고 아이들이 커가면서 쉽지 않은 것이 있다는 걸 확실히 알게 되는 순간이 온다. 그리고 그 평범함의 기준이 너무 높다는 사실을 알게 되는 순간도 온다. 평범함의 테두리에 감추어진 특별함이라고 할까?

그렇다면 어떡해야 하나? 우리가 말하는 특별한 평범함에 닿기 위해 스트레스를 받거나 가랑이 찢어질 정도로 무리를 해야 할까? 나는 그냥 나답게, 내가 원하는 대로, 내 방식대로 살기로 했다. 내가 원하는 '에지 있는 삶'을 살아가기로 말이다. 내가 말하는 '에지 있는 삶'이란 외형보다는 나만의 특별한 가치를 추구하는 삶이며, 나는 그런 삶을 현실에서 실현시키며 계속 추구하고 싶다. 왜냐고? 나야말로 '에지 있는' 사람이니까.

나의 스타일이 곧 나다

어느 날 지인이 말했다. 나이가 드니 명품이 들고 싶어졌다고. 순간 내 머릿속에서 지진이 났다. 길을 가다 길거리 거울에 비친 나의 모습을 보았다. 청바지에 티셔츠를 입고 검은 모자를 쓰고 운동화를 신은 모습이었다. 순간 '사람들이 나를 초라하게 볼까?' 싶었다. 순간 내가 약해졌다. 평소의 나는 거의 검은색, 회색 등 무채색 옷을 주로 입는다. 내 모습을 객관적으로 보기 위해 거울 앞 정면으로 바로 섰다. 거울에 비친 내 모습은 '수묵화'가 따로 없었다. 하지만 나는 이게 '나의 고유한 스타일'이라고 믿는다. 옷이라는 건 그 사람의 성향과 취향을 보여주듯이, 이것이 '나의 스타일'인 것이다.

그렇다고 해서 1년 365일 내내 무채색만 입는 것은 아니다.

때와 장소에 따라 가끔씩 화려함이 필요할 때는 아주 과감해지기도 한다. '에지' 있는 삶을 좋아하는 나 아니던가! 사람마다 관심사가 다르고 개성과 좋아하는 취향도 많이 다르다. 나는 백화점보다도 남대문 시장이나 동대문 시장을 좋아한다. 그리고 시장에 가서 막 사서 입는 청바지를 좋아한다. 이게 나의 스타일이다. 유행의 흐름에 많은 에너지를 소비하는 것도 싫다. 나의 에너지가 '보여주기식'에 많이 소비되지 않기를 바랄 뿐이다. '명품이 좋다, 안 좋다'라는 건 개인의 성향, 취향임을 인정한다. 단 명품에 위축되지 않고 '나의 인생이, 나의 몸이, 내가 명품이다'라는 생각으로 살고 있고 계속 그렇게 살 것이다.

자기만의 스타일이 있는 사람은 멋지다. 그리고 개성 있게 자신감 있게 사는 것이 진정한 스타일리스트다. 그런 삶이 스타일리시한 인생이라고 나는 확신한다. 누군가 내게 추구하는 스타일이 무엇이냐고 묻는다면 "나 자신이 곧 나의 스타일이며, 나 자신을 추구하는 게 나의 스타일이다"라고 답하고 싶다.

휴패밸의 밸런스 있는 삶을 위하여

'워라밸(work-life balance)'이라는 말은 1970년대 후반에 영국에서 처음 등장했다. 일과 삶의 균형을 추구하는 삶을 말한다. 나는 여기서 한 발 더 나아간 '휴패밸(human-family balance)'을 강조하고 싶다. 내가 말하는 '휴패밸'이란 '인간 가치'와 '가족 가치'

의 조화로운 균형을 추구하는 삶이다. 이는 한 사람만의 변화로는 불가능하다. 우선 나부터 변해야겠지만, 또한 나로 인해 우리 가족의 변화까지 이끌어내야지만 진정한 휴패밸이 실현될 수 있다. 이를 위해서는 가정 내에서 진정성 있는 대화가 이루어져야 하며 가족 개개인이 객체로서 인정받아야 가능하다.

그냥 딱 생각했을 때는 너무 쉬운 말인데, 현실에선 너무 어려운 말처럼 느껴진다. '어머니'란 '가정의 중심'이며, '가정에서 자녀들에게 사랑을 주면서 가정 내의 기능적인 역할'을 하는 단어로 느껴진다. 어머니는 어머니일 뿐만이 아니라 한 인간이기도 하다. 어머니도 한 인간으로서 가정에서 자리를 잡아야 한다고 생각한다. 본인이 스스로 자리를 찾아야 하는데, 이게 생각처럼 쉽지 않다. 나는 윗세대의 어머니들과는 다른 삶을 살 것이다. 무조건적인 희생을 강요받고 스스로도 그게 당연하다고 여기는 어머니들과는 다른 어머니가 될 것이다. "나도 나의 인생이 있어"라고 말하는 인간으로 남고 싶다.

나는 인간 가치와 가족 가치의 균형을 추구하는 '휴패밸'의 삶을 현실에서 노력해보자고 말하고 싶다. 가족 개개인의 행복을 전제로 말이다. 그리고 나는 진정으로 내 인생에서 '영원한 엑스트라'로 남고 싶지 않다. '진정성 있는 주연 배우'로 남기를 희망한다.

'노스킵, 에지, 스타일, 밸런스'를 조화롭게

나는 지금 이 순간이 가장 어렵다. 내 인생에서 가장 아주 어려운 길을 걸어가고 있는 중이라고 생각한다. 이렇게 '노스킵, 에지, 스타일, 밸런스'가 조화롭게 이루어지는 삶을 살 때, 나는 온전히 내 이름으로 살 수 있다고 굳게 믿는다. 그래서 앞으로도 이 가치를 꼭 부여잡고 살 것이다. 다른 사람들도 저마다 놓고 싶지 않은 삶의 단어가 있듯이, 내겐 이 네 가지 단어가 나의 정체성을 상징해주는 단어다. 만약 삶의 단어를 아직 정하지 못한 사람이 있다면 이번 기회에 정해보라고 권하고 싶다. 그리고 그 단어에 녹아 있는 자신이 추구하는 삶의 가치와 의미를 새겨봤으면 좋겠다. 내가 인생의 막다른 골목에 서게 됐을 때도 '노스킵, 에지, 스타일, 밸런스'가 나의 에너지가 되어주었듯이, 앞으로도 이 단어들이 내가 가는 길에 동행해줄 것이라 믿는다.

"박정빈 그 사람? 아주 스타일리시해. 에지 있고 개성도 강하더라" 나는 100세가 되어서도 이런 말을 들을 수 있도록 노력할 것이다.

에필로그 글을 쓰며 시간을 거슬러 올라가다

글을 쓰면서 오랜 시간 상념에 잠겼었다. 과연 이 글이 출판으로까지 이어질 수 있을 것인가, 투박한 이 글을 누군가에게 평가받는 것에 대해 감당할 수 있을 것인가 그리고 나 같이 평범하고 보통의 사람이 책을 내도 되는가 하는 마음 때문이었다. 하지만 나는 말하고 싶다. 우리 사회는 잘나고 명석하고 돈 많고 권력있는 사람들만 살아가는 사회가 아니라고. 나처럼 평범한 사람도 나의 이야기를 할 수 있고, 사람들에게 용기와 희망에 대해 이야기할 수 있다고. 나는 그것을 보여주고 싶었다. 글을 쓰기 위해, 시간을 거슬러 올라가며 지난날의 나를 통해 과거를 정리하고 현재를 인정하자 미래에 대한 새로운 결의를 다질 수 있었다. 또한 잊고 지낸 순간들과 소중한 무언가가 내 가슴에 잔잔히 아로새겨지는 시간이 되었다. 추천사에 미처 다 올리진 못했지만, 응원과 격려의 메시지를 보내준 많은 지인과 오랜 고객들, 그들이 있어 이 글을 마무리할 수 있었다. 나의 영원한 동반자이자 지지자인 두 분의 동료 실장님과 너무나 존경스러운 우리 어머니와 가족들 그리고 가장 훌륭하고 빛나는 보석같은 우리 아이들에게 감사의 마음을 전한다. 또 여러 가지 상황을 배려해 주신 독서실 사장님께도 감사 인사를 드리고 싶다.

북큐레이션 • 원하는 곳에서 자신의 가치를 높이고, 가슴 뛰는 삶을 살고 싶은 이들을 위한 책

《3040 초돌파력》과 함께 읽으면 좋은 책. 인생을 멋지게 브랜딩하길 원하는 당신을 응원합니다.

인생이 달라지는 新생존법

이광민 지음 | 14,000원

불확실한 미래, 어떤 준비를 해야할까?
현시대에서 생존하기 위해 꼭 필요한 新생존법

빠르게 변해가는 현재에 맞춰 불확실한 미래 또한 성큼성큼 다가오고 있다. 이러한 시대에서 살아남기 위해 가장 필요한 힘은 무엇일까? 어떤 준비를 해야 나만의 경쟁력을 가질 수 있을까? 여기 지방대 출신임에도 100대 1의 경쟁력을 뚫고 청와대 비서실에 합격하고, 전국 마케팅 배틀 3위를 달성하고, 남들이 선망하는 대기업까지 취업한 한 사람이 있다. 《인생이 달라지는 新생존법》에는 단순히 많은 자기계발서에서 다뤄온 긍정하기, 목표 정하기, 실천하기 등의 내용이 아닌 저자 본인이 직접 계획하고 도전해서 성과를 낸 경험을 바탕으로 이 시대에서 살아남는 현실적인 방안이 세세하게 담겨 있다.

운명을 바꾸는 행동의 힘

유선국 지음 | 14,000원

여전히 생각 속에서만 살고 있으신가요?
지금 당신의 마음속에 잠재된 거인을 깨워드립니다!

'돈 많이 벌고 싶다', '잘살고 싶다', '즐기면서 살고 싶다', 'SNS 사진 속 사람들처럼 여유로워지고 싶다'. 일상을 살아가면서 한 번쯤 해봤을 생각들이다. 하지만 이런 생각이 들 때면 뭔가 설렘보다는 두려움이 먼저 앞선다. 왜일까? 요즘처럼 살아남기 힘든 세상이 없다고 느끼는 우리에게 가장 필요한 건 이 무모해 보일지도 모를 행동의 힘이다. 나를 가장 단단하게 만들어줄 행동의 힘, 그 힘이야말로 꿈은 물론 현실에 맞설 힘과 원하는 만큼의 돈을 가져다줄 것이다. 지금 당장 당신의 바뀔 운명을 위해 행동하라!